研究生教育管理系列专著

王战军 总主编

研究生教育

大数据采集与处理

Big Data Acquisition and Processing in Graduate Education

周学军　向体燕◎著

国家自然科学基金重点项目"'互联网+'时代研究生教育管理变革与创新研究"成果

科 学 出 版 社

北 京

内 容 简 介

本书是一部探讨研究生教育大数据采集与处理的学术专著。全书共八章，从理论、框架、技术、应用等方面系统展开，厘清研究生教育大数据的范围和特征，探索构建研究生教育大数据的数据体系，结合研究生教育管理需求对大数据采集与处理的理论、方法和应用进行探究，以实践案例介绍研究生教育大数据采集处理和分析应用，并对未来的发展进行展望。

本书围绕研究生教育大数据采集与处理，紧密结合教育管理实际需求，以丰富的实践案例，为研究生教育管理者、教育研究者等提供创新的思路和有益的参考。

图书在版编目（CIP）数据

研究生教育大数据采集与处理 / 周学军，向体燕著. —北京：科学出版社，2024.6

（研究生教育管理系列专著 / 王战军总主编）

ISBN 978-7-03-077029-5

Ⅰ. ①研… Ⅱ. ①周… ②向… Ⅲ. ①研究生教育－教育研究－数据处理 Ⅳ. ①G40-059.9

中国国家版本馆 CIP 数据核字（2023）第 220917 号

责任编辑：陈会迎 / 责任校对：贾娜娜
责任印制：张 伟 / 封面设计：有道设计

科 学 出 版 社 出版
北京东黄城根北街 16 号
邮政编码：100717
http：//www.sciencep.com

北京盛通数码印刷有限公司印刷
科学出版社发行 各地新华书店经销

*

2024 年 6 月第 一 版 开本：720 × 1000 1/16
2024 年 6 月第一次印刷 印张：12 1/2
字数：250 000

定价：152.00 元

（如有印装质量问题，我社负责调换）

Abstract

This book is an academic monograph on the acquisition and processing of big data in graduate education. The book consists of eight chapters, which have systematically introduced the theory, framework, technology and application. Firstly, the book clarifies the scope and characteristics of big data in graduate education, and establishes a data system for big data in graduate education. Then, it focuses on the practical needs of graduate education management, and explores the theory, method and application of big data acquisition and processing. This book also introduces the practical cases of big data acquisition, processing and analysis. In the end, it prospects the future development.

This book focuses on the acquisition and processing of big data in graduate education, closely combines with the actual needs of education management, and provides innovative ideas and practical references for graduate education administrators and education researchers with rich practical cases.

“研究生教育管理系列专著”编委会

“研究生教育管理系列专著”序

管理科学是数学、社会科学与经济学等学科相互渗透并在它们的边缘上发展起来的新学科，它既有理工学科的属性，也有社会学科的属性。管理作为一门正在蓬勃发展的学科，为各行各业带来了生机和推动力。从中华人民共和国成立伊始的百废待兴，到研究生规模位居世界前列，我国研究生教育走过了从小到大、从弱到强的不平凡历程，造就了一大批具有国际水平的战略科技人才、科技领军人才、青年科技人才和高层次人才，为实施创新驱动发展战略和建设世界重要人才中心与创新高地奠定了重要基石。

截至2022年，我国研究生教育在学规模已经达到365万多人，研究生培养单位达到820余个，学位授权点超过10 000个，成为名副其实的世界研究生教育大国。庞大的研究生教育体系，复杂的多层级、多部门、多样化管理需要现代管理科学的指导，还需要数字化、智能化信息技术的支撑。

随着我国实施学位制度、研究生教育规模逐渐扩大，研究生教育管理越来越成为管理科学研究的一个重要领域，研究生教育管理实践问题也越来越突出。例如，我国博士学位授权布局调整如何满足社会发展和人的发展需求？如何构建国家研究生教育管理组织机构体系？如何优化配置博士生招生指标？如何做好研究生教育发展预测与规划？如何重塑学位与研究生教育评估体系？等等。尤其是进入“互联网+”时代之后，不断更新迭代的信息技术驱动着研究生教育管理从经验驱动的传统决策模式，向数据驱动的科学决策模式转型，并塑造“互联网+”时代以人际互动、资源共享、知识跨界为特征的研究生教育管理的新形态。

我本人和团队长期关注、研究“学位与研究生教育管理与变革”，积累了系列研究成果，在此基础上申请了国家自然科学基金重点项目，获得国家自然科学基金委员会管理学部批准立项，项目名称为“‘互联网+’时代研究生教育管理变革与创新研究”（项目编号：71834001）。

这个重点项目开展研究五年来，在“互联网+”“大数据”“人工智能”等新理论、新技术的驱动下，项目组组织了北京理工大学、清华大学、教育部学位与研究生教育发展中心、剑桥大学、加利福尼亚大学等高校和机构的教育学、管理学、计算机科学方向的国内外专家学者，针对研究生教育管理中存在的资源分配经验导向“一阵风”、绩效评价结果导向“一把尺”、调整方式行政导向“一刀切”等突出问题，聚焦“互联网+”时代“人-物-知识”融合的研究生教育资源形态、学校形态变革，研究生教育的课程、教学和评价等方式变革，以及研究生教育的管理创新等问题。通过创新研究生教育管理理论体系，建立数据驱动的研究生教育管理科学范式；基于研究生教育大数据，提出研究生教育资源配置的常态监测技术和动态调整方法，建立“能进能出”“能增能减”“能上能下”的资源配置与评价的科学模式；建立融合多源异构海量数据的研究生管理决策大数据分析平台，为我国“双一流”建设、研究生教育管理组织变革、博士学位授权审核、研究生教育发展预测与规划、研究生教育知识管理等管理问题提供理论依据、决策模式、评估范式。前期研究已经在《高等教育研究》《中国高等教育》《中国高教研究》《清华大学教育研究》《学位与研究生教育》等重要期刊上发表了80多篇高水平学术论文，其中7篇被《新华文摘》全文转载和摘编，申请国家发明专利2项，提交研究和政策咨询报告8份，其中一份得到了中央主要领导批示，研制的“‘双一流’建设监测指标体系”被教育部采纳，等等。

在此基础上，围绕“研究生教育管理”，我组织项目组成员撰写“研究生教育管理系列专著”。系列专著聚焦“互联网+”的时代背景，突出数智赋能研究生教育管理，以管理科学、教育科学、信息科学为理论基础，撰写了《变革与创新：数智时代研究生教育管理》《研究生教育大数据采集与处理》《研究生教育资源配置理论与模型》《数智时代研究生教育发展预测》《数智时代学科监测评估理论与方法》等五部专著。

本系列专著的撰写是开创性的，填补了管理科学研究领域的空白，也是研究生教育管理学的第一套系列专著。因此，在撰写过程中，没有可借鉴的经验，在一大批跨学科领域专家指导下，项目组成员潜心研究、反复研讨，有时候争论得面红耳赤，不同学科知识碰撞，产生了一系列火花。感谢中国学位与研究生教育学会会长杨卫院士，教育部原副部长赵沁平院士，四川大学原校长谢和平院士，中国高等教育学会原会长瞿振元教授，西北工业大学原党委书记张炜研究员，清华大学长江学者石中英教授，中国人民大学长江学者周光礼教授，北京师范大学长江学者刘宝存教授、周海涛教授，中国学位与研究生教育学会张淑林副会长、丁雪梅副会长，北京大学陈洪捷教授，中国教育科学研究院原副院长马陆亭研究员，北京外国语大学秦惠民教授，中国高等教育学会原副秘书长王小梅研究员，特别感谢境外的英国巴斯大学的Catherine Montgomery教授、英国剑桥大学的Susan Robertson教授、加拿大西安大略大学的李军教授、美国加利福尼亚大学的常桐善教授等专家学者的指导，还要感谢国务院学位委员会办公室的有关领导，感谢国家自然科学基金委员会管理学部的资助、指导，感谢科学出版社经管分社社长马跃先生，他从策划到撰写、出版全程给予指导、帮助，感谢项目组全体成员，是你们的付出成就了这套系列专著，开创了管理科学研究的新领域，开创了研究生教育学的新领域。我要感谢的人太多了，一定是挂一漏万，希望得到你们和读者的批评指正。

期待这套系列专著能丰富我国管理科学理论，丰富研究生教育学理论，为我国建设研究生教育强国，支撑世界重要人才中心和创新高地做出贡献。

2023年夏

Preface

Management science is a new discipline which grows through the interaction of mathematics, social science and economics. Therefore, it is of both science & technology attributes and social science attributes. As a booming discipline, management science has brought vitality and impetus to all walks of life. China graduate education started from scratch at the founding of the People's Republic of China, and now the student number ranked among the top in the world. It has gone through an extraordinary course from the small to the large, from the weak to the strong, and has produced a large number of strategic scientific and technological talents with international standards, scientific and technological leaders, young scientific and technological talents and high-level talents. It has laid an important cornerstone for implementing the strategy of innovation-driven development and building an important talent center and innovation highland in the world.

By 2022, China's graduate education has reached more than 3.65 million students. There are more than 820 graduate training institutes, and more than 10,000 degree awarding disciplines, which makes China a veritable major graduate education power in the world. The huge graduate education system, complex multi-level, multi-department, diversified management needs not only the guidance of modern management science, but also the support of digital and intelligent information technology.

With the implementation of the degree system in China, the scale of graduate education has gradually expanded, and it has become an important field of management science research. The practical issues of graduate education management are becoming more and more prominent. For example, how to adjust China's doctoral degree awarding institutes and disciplines layout to meet the needs of social development and human development? How to construct the national graduate education management organization system? How to optimize the allocation of doctoral enrollment? How to forecast and plan the development of postgraduate education? How to reshape the degree and graduate education evaluation system? And so forth. In particular, entering the "Internet +" era, the constantly updated and iterative information technology drives the transformation of graduate education management from the traditional decision mode-driven by experience, to the data-driven scientific decision mode, and meanwhile shapes the new form of graduate education management characterized by interpersonal interaction, resource sharing and cross-border knowledge.

My team and I have paid attention to and studied "Degree and Graduate Education Management and Transformation" for a long time, and accumulated a series of research results. On this basis, I applied for a key project of National Natural Science Foundation of China, and "Research on Graduate Education Management Transformation and Innovation in the 'Internet +' Era" (No.71834001) was approved by the Department of Management of the National Natural Science Foundation of China.

In the past five years, with new theories and technologies such as "Internet +", "big data" and "artificial intelligence", my team has organized experts and scholars of education, management and computer sciences from universities and institutions such as Beijing Institute of Technology, Tsinghua University, China Academic Degrees and Graduate Education Development Center, University of Cambridge and University of California. In view of the outstanding problems existing in the management of graduate education, such as the experience-based resource allocation, the result-based performance evaluation, and the administration-based adjustment mode, my team focuses on the graduate education resource form of "people-property-knowledge", university form transformation, the curriculum, teaching and evaluation transformation of graduate education, the management innovation of graduate education and so on in the era of "Internet+". By innovating graduate education management theory system, establishing data-driven graduate education management science paradigm, putting forward the normal monitoring technology and dynamic adjustment method of graduate education resource allocation based on the big data of graduate education, establishing the scientific model of resource allocation and evaluation in terms of "either enter or leave", "either increase or decrease", "either add or cancel", establishing a big data analysis platform for graduate management decision-making that integrates multi-source heterogeneous mass data, my team aims to provide theoretical basis, decision-making model and evaluation paradigm for China "double first-class" construction, graduate education management organization reform, doctoral degree awarding assessment, graduate education development prediction and planning, graduate education knowledge management and other management issues. The preliminary research has published more than 80 academic papers in important journals such as *Journal of Higher Education, China Higher Education, China Higher Education Research, Tsinghua Journal of Education, Academic Degrees & Graduate Education*, among which 7 papers have been reprinted and edited in full by *Xinhua Digest*, 2 national invention patents have been applied for, and 8 research and policy advisory reports have been submitted, one of which has been instructed by the central leadership, and "The 'Double First-Class' Construction Monitoring Indicator System" has been adopted by the Ministry of Education, and so on.

On this basis, focusing on "Graduate Education Management", I organized project members to write a series of monographs on graduate education management. These monographs focus on the "Internet +" era, highlight the education management of graduate students empowered by digital intelligence, and based on the theories of management science, education science and information science. We composed *Transformation and Innovation: Graduate Education Management in the Digital Intelligence Era, Big Data Acquisition and Processing in Graduate Education, Theory and Model of Resource Allocation in Graduate Education, Prediction of Graduate Education Development in the Digital Intelligence Era, The Theory and Method of Discipline Monitoring Evaluation in the Digital Intelligence Era* and other monographs.

The series of monographs is pioneering, filling the gap in the field of management science research, and is also the first series of monographs in graduate education management. Therefore, in the process of writing, there was no experience for reference. Under the guidance of many interdisciplinary experts, my team members devoted themselves to research and repeated discussions, and sometimes argued red-faced, and capitalized on the knowledge of different disciplines, generating a series of sparks. I am particularly grateful to Yang Wei, president of Association of Chinese Graduate Education and a member of the Chinese Academy of Sciences, Zhao Qinping, former Vice Minister of the Ministry of Education of the People's Republic of China and a member of the Chinese Academy of Engineering, Xie Heping, former president of Sichuan University and a member of the Chinese Academy of Engineering, Professor Qu Zhenyuan, former president of the China Association of Higher Education, Researcher Zhang Wei, former Party secretary of Northwestern Polytechnical University, Professor Shi Zhongying, a Changjiang Scholar at Tsinghua University, Professor Zhou Guangli, a Changjiang Scholar at Renmin University of China, Professor Liu Baocun, a Changjiang Scholar at Beijing Normal University, and Professor Zhou Haitao, vice president Zhang Shulin and vice president Ding Xuemei of

Association of Chinese Graduate Education, Professor Chen Hongjie of Peking University, Researcher Ma Luting, former vice president of China National Academy of Educational Sciences, Professor Qin Huimin of Beijing Foreign Studies University, and former deputy secretary general of the China Association of Higher Education, Wang Xiaomei. I also want to extend thanks to Professor Catherine Montgomery from the University of Bath, Professor Susan Robertson from the University of Cambridge, Professor Li Jun from the University of Western Ontario, Professor Chang Tongshan from the University of California and other experts and scholars abroad for their guidance. I would also like to thank the relevant leadership of the Office of Academic Degrees Committee of the State Council, the funding and guidance of the Department of Management of the National Natural Science Foundation of China, President Ma Yue of the sub-branch of Science Press for his guidance and help from planning to writing and publishing, and all the project team members, who have made this series of monographs a success and created a new field of management science research. It has created a new field of graduate education. There are so many people to thank that I may be missing some, and I hope to get readers' feedback or suggestions.

It is expected that this series of monographs can enrich China's Management Science Theory, enrich the Graduate Pedagogy Theory, and contribute to China's construction of a graduate education power, supporting the world's important talent center and innovation highland.

Summer 2023

前　言

在“互联网+”时代，教育信息化进程不断加速，信息技术对教育的革命性影响显著加强，教育大数据对教育治理和教育教学方式变革的促进作用日趋明显。《中华人民共和国国民经济和社会发展第十四个五年规划和2035年远景目标纲要》将“加快数字化发展—建设数字中国”作为远景目标之一，专篇规划部署。《“十四五”国家信息化规划》提出，深化教育领域大数据分析应用。《教育部2022年工作要点》明确提出：“实施教育数字化战略行动。强化需求牵引，深化融合、创新赋能、应用驱动，积极发展‘互联网+教育’，加快推进教育数字转型和智能升级。”通过教育数字化赋能教育管理转型升级，是推进国家教育数字化战略行动的重要任务，是创新教育治理理念和方式的重要举措。当前，我国教育已迈入数字化转型新阶段。按照“应用为王、服务至上、简洁高效、安全运行”的总要求，以数字化赋能教育管理转型升级，其本质是以新兴技术为主要手段，以信息数据为核心要素，将数字技术、数字思维应用于教育管理全过程，对教育管理、教育决策和教育服务的方式、流程、手段、工具等进行全方位、智能化、系统性功能重塑和流程再造，创新教育治理模式，提高教育管理效能，助力教育高质量发展。

就研究生教育领域而言，国家教育数字化战略行动对于研究生教育数据资源的采集处理提出了更高要求，明确了研究生教育数据资源的核心要素地位。研究生教育领域不仅包括研究生培养单位及有关教育主体的教育管理、科研活动、教育教学等各方面数据，还包括与研究生教育相关的人才、科技相关信息。研究生教育数据的采集与处理是研究生教育大数据分析和应用的基础和关键，不仅影响着数据的规模和质量，还直接影响着大数据分析的可行性和最终效果，对发挥大数据的价值和潜能至关重要。

当前，研究生教育大数据呈现出来源分散、内容丰富、互联互通、动态变化等特征。在数据来源上，研究生教育相关数据的来源不仅包括高校、省教育厅、国家教育相关部门，还包括行业协会、科研项目管理部门、知识产权管理部门、互联网等，数据分散且难以关联。在数据内容上，一方面，由于研究生教育的层次、类型和结构的多元化，不同培养目标涉及的研究生教育相关数据不同；另一方面，研究生、研究生导师及研究生培养单位等不同主体产生了庞大的动态及静态数据，数据内容丰富多样。在数据联通上，数据共享流通越来越受到国家和行业的重视，不同来源数据的连接性加强，能够更为全面地呈现研究生、研究生导师、研究生培养单位等情况。在数据形态上，信息化管理和线上教学快速普及，研究生教育各种层面和对象的交流互动显著增强，数据加速产生，信息公开力度加大，数据动态性和开放性显著增强。

研究生教育大数据采集与处理呈现出三方面的特点：一是更加注重非结构化数据的采集与处理；二是更加注重采集与处理的自动化；三是数据处理与数据分析的关系愈加紧密，需要统筹考虑数据处理与数据分析。我国研究生教育大数据采集与处理整体上处于起步探索阶段，还面临着很多困难和挑战，主要包括：一是非结构化数据采集技术有待完善，对于结构化的数据采集居多，对于非结构化的数据采集较少，因此大量非结构化数据未被纳入采集范围中；二是研究生教育大数据分析的思路和方法尚未成熟，对于研究生教育大数据处理方法的研究较少，大数据的开发利用率低；三是有关数据融合的技术有待创新发展，多源数据难以关联融合，缺乏可靠的关联关系，信息孤岛现象较为严重，难以发挥大数据真正的价值。

本书主要聚焦于研究生教育大数据采集与处理的研究。首先，厘清研究生教育大数据的范围和特征，基于教育相关理论和数据治理模型，构建研究生教育大数据的数据体系。其次，根据研究生教育大数据的分类和特点，研究相应的数据采集与处理技术。再次，通过设计研究生教育数据采集管理平台的框架体系，形成研究生教育大数据采集与处理实践案例；通过搭建研究生教育质量数据分析平台（以下简称数据分析平台）的框架体系，形成研究生教育大数据分析应用的建设实例。最后，对未来研究生教育大数据发展趋势、研究生教育大数据采集与处理的发展变化进行展望。

Foreword

In the "Internet +" era, the process of education informatization is accelerating, the revolutionary influence of information technology on education is significantly strengthened, and the promotion role of educational big data on educational governance and the reform of teaching methods is becoming increasingly obvious. *China's 14th Five-Year Plan for National Economic and Social Development and the Outline of the 2035 Vision Goals* regards "accelerating digital development and building a digital China" as one of the long-term goals. *The "14th Five-Year" Plan for National Informatization* proposes to deepen the application of big data analysis in the field of education. *The Work Points of the Ministry of Education in 2022* clearly puts forward the implementation of strategic actions for digitization of education which include strengthening demand traction, deepening integration, innovation empowerment, application driving, actively developing "internet + education" , and accelerating the digital transformation and intelligent upgrading of education. The most important task of the education digitalization strategic action is empowering the transformation of education management through education digitalization, which will also promote the innovation of education governance's concept and pattern. At present, China's education has entered a new stage of digital transformation. In accordance with the general requirements of "Application is king, service comes first, simple and efficient, safe operation" , the digital transformation of education management is essentially based on emerging information technology, data is considered as the core element. Applying the digital technology and digital thinking to the whole process of education management, and reengineering the methods, processes, means, and tools of education management, education decision-making, and education services in an all-around intelligent and systematic way, so as to innovate the education governance pattern, improve the efficiency of education management, and promote high-quality education development.

Education digitalization strategic actions put forward higher requirements for the acquisition and processing of graduate education data, and clarify the central position of graduate education data. Graduate education includes not only the data of educational management, scientific research activities, teaching and learning from graduate institution and related subject, but also the information of talents and science and technology. The acquisition and processing of graduate education big data is the foundation of big data analysis and application in graduate education, which not only affects the scale and quality of data, but also directly affects the feasibility and final effect of big data analysis, and is crucial to exerting the value and potential of big data.

At present, big data in graduate education presents the characteristics of scattered sources, rich content, interconnection and dynamic changes. In terms of data sources, the sources of data not only include universities, provincial education departments, national education departments, but also include industry associations, scientific research management departments, intellectual property management departments, the Internet, etc. The data are scattered and difficult to correlate. In terms of data content, on the one hand, due to the diversity of the level, type and structure of graduate education, the graduate education data related to different training objectives are diverse. On the other hand, graduate students, graduate supervisors, and graduate institutions produce huge dynamic and static data. The data content is rich and diverse. In terms of data connectivity, data sharing and circulation have been paid more and more attention by the state and the industry, and the connectivity of data from different sources has been strengthened, which can comprehensively present the situation of graduate students, graduate supervisors, and graduate institutions and so on. In terms of data form, information management and online teaching have been rapidly developed, communication and interaction in graduate education have been significantly enhanced, data generation has been accelerated, information disclosure has been intensified, and data dynamics and openness have been significantly enhanced.

The acquisition and processing of big data in graduate education has three characteristics. First, it pays more attention to the acquisition and processing of unstructured data. Second, it emphasizes the automation of acquisition and processing. Third, the relationship between data processing and data analysis is increasingly close, and it is necessary to consider data processing and data analysis as a whole. The acquisition and processing of big data in graduate education in China is still in the initial stage of exploration, and there are still many difficulties and challenges, including: first, the unstructured data acquisition technology needs to be improved, the acquisition data is more about structured data, a large number of unstructured data is not included in the collection scope; second, the ideas and methods in big data analysis in graduate education are not mature, there are few researches on big data processing methods in graduate education, and the utilization rate of big data development is low; third, the technology of data fusion needs to be innovated and developed, multi-source data is difficult to associate and integrate, lacks of reliable association relationship, information island phenomenon is serious, and it is difficult to play the real value of big data.

This book focuses on the research of big data acquisition and processing in graduate education. Firstly, it clarifies the scope and characteristics of big data in graduate education, and builds a data system for big data in graduate education based on education theories and data governance models. Secondly, according to the classification and characteristics of big data in graduate education, it researches the corresponding data acquisition and processing technologies. Thirdly, it designs the frameworks of two platforms as practical cases of the acquisition and processing of big data in graduate education. One is graduate education data acquisition and management platform, the other is graduate education quality data analysis platform. Finally, it depicts the development trend of big data in graduate education in the future and data acquisition and processing in graduate education.

目　录

Contents

第一章　研究生教育大数据的范畴

研究生教育在培养创新人才、提高创新能力、服务经济社会发展等方面具有重要作用。研究生教育大数据汇聚了研究生培养和管理等方面的各类数据，蕴含着丰富的数据价值，对及时了解研究生教育发展状况、促进教育治理提升具有重要作用。充分挖掘研究生教育大数据的重要价值，要深刻认识和理解研究生教育大数据的内涵和范畴，才能利用海量数据资源的优势，以数字技术撬动研究生教育治理的深刻变革，提升研究生教育治理体系和治理能力现代化水平。

第一节　研究生教育大数据的定义和特征

一、大数据的概念及特征

随着全球信息化快速发展，智慧校园、在线课程等教育信息化变革广泛实施，教育数据呈现爆炸式增长。数据规模的快速扩张以及数据价值的逐渐呈现，使得大数据的研究受到更多关注和重视。“大数据”的概念最早可追溯到 1997 年，美国 NASA（The National Aeronautics and Space Administration，国家航空航天局）研究人员在他们的论文中首次提出了“大数据”的概念，用以描述主机内存、本地磁盘及常规运算无法应对的巨大数据集的现象[①]。此后，大数据引起各行各业的关注。2001 年高德纳（Gartner）公司的分析师道格拉斯・兰尼（Douglas Laney）最早将大数据的特征概括为 3 个“V”[②]——volume、velocity、variety[③]，并将大数据的概念归纳为“大数据是大量、高速、多变的信息资产，它需要新型的处理方式去促成更强的决策能力、洞察力与最优化处理”。之后，一些研究者还加上了 value[④]、veracity（真实性）等，将大数据的特征扩展至 4V、5V、6V 甚至 7V。麦肯锡公司给出的大数据定义是“数据大小超出常规的数据库工具获取、存储、

---

① Cox M，Ellsworth D. Application-controlled demand paging for out-of-core visualization[R]. Proceedings of the 8th Conference on Visualization'97，1997.

② volume 表示数据体量大，velocity 表示数据处理速度快，variety 表示数据类型多。

③ Laney D. 3D Data Management：Controlling Data Volume，Velocity and Variety[M]. Stanford：META Group，2001.

④ value 表示价值巨大但价值密度低。

管理和分析能力的数据集”[①]。

大数据中“大”的概念可以从两个角度理解。一是数据量巨大，数据类型多样，数据产生及处理速度快，这是新兴的、纯粹的大数据概念。二是传统类型的数据由少到多、由部分到全面、由单一来源到多来源，通过掌握大量传统数据，将以前孤立、封闭的不同数据源的数据加以整合利用，挖掘更高的价值。

因此，可以从数据规模、数据来源、数据处理、数据价值等方面来理解大数据。

（1）数据规模更加庞大。随着互联网、物联网、移动互联技术的发展，所有人、事物和活动的轨迹都可以被记录下来，数据产生速度不断加快，数据呈现出爆发式增长。随着数字经济在全球加速推进以及5G、人工智能等技术的快速发展，全球数据量将迎来更大规模的爆发。

（2）数据来源更加多样。传统的数据和平台较为封闭和孤立，大数据则关注开放性和共享性，可以获得各种来源、更加丰富、更加多元的数据，大数据不仅包括互联网上的公开数据，还包括来自不同机构或单位的各类信息系统的多种形式的数据。多种来源的数据汇集融合，增加了数据的多样性，产生了更大的数据价值，体现了大数据的基本特征。在数据类型上，与传统的数据集合相比，大数据通常包含大量的非结构化数据，包括网络数据、日志、文本、音频、视频、图片、传感数据、地理位置等，这些多源异构数据对数据的采集、处理和存储能力提出了更高的要求。

（3）数据处理更加快速。数据处理速度快是大数据区别于传统数据的最显著特征。传统数据的流动性并不高，数据生成速度也很有限。随着信息技术的发展，数据产生量和流动性大大增加，数据处理和传递速度不断加快，数据具有实时、动态的特点，大数据具有持续的数据获取和更新能力。

（4）数据价值更加丰富。大数据的数据量巨大，但价值密度较低，存在很多无效冗余的数据。但多来源、多样化的数据相互连接，可以扩展数据描述对象的维度，产生更加丰富的价值，挖掘出潜在的关联、规律和新知识，具有更强的洞察发现力。

大数据已与各行各业深度融合，深刻改变着生产方式、生活方式和社会治理方式。促进行业产业发展变化的大数据，其内涵不仅是数据的集合、数据技术体系，更是大数据的思维方式。大数据技术推动的深刻变革，并不单单指处理更“大”的数据，其重点在于利用新的技术手段和分析方法发掘大数据中隐藏的价值，是对思维方式和工作方式的变革。

---

① Manyika J，Chui M，Brown B，et al. Big data：the next frontier for innovation，competition，and productivity [EB/OL]. https://www.mckinsey.com/capabilities/mckinsey-digital/our-insights/big-data-the-next-frontier-for-innovation[2024-01-19].

大数据思维的转变主要体现在运用大数据进行数字化决策支持、科学化规律发现、多维化特征展示和常态化监测管理。

（1）数字化决策支持。运用大数据，管理决策可以从主要依靠主观经验，转向更多依靠真实、可靠的数据。决策依据的数字化是管理决策科学化的重要支撑。大数据采集汇聚多种来源的数据，在经过数据的清洗处理后，能够通过数据指标等形式客观、准确地刻画各类事物或活动的状况，为管理决策提供参考依据。近年来，"用数据说话、用数据决策、用数据管理、用数据创新"的治理理念得到了教育管理部门的普遍认同，教育决策由经验驱动向数据驱动转变的趋势越发明显，取得了良好成效。

（2）科学化规律发现。小样本数据由于数据量的限制，很难发现完整、准确的规律。有了大数据后，全样本以及长期性的数据积累，可以帮助发现事物的变化规律和事物间的关联关系，从而准确预测事物发展趋势。充分利用发现的规律，可以实现有效的干预和控制。例如，通过大数据对学生的学习行为和学业质量进行分析，可以发现学生的学习发展规律，为质量风险的预测和预警提供重要参考依据。

（3）多维化特征展示。单一的数据来源可以展示事物的部分维度，多渠道、多样化的数据来源，可以从更多的维度对事物的特征进行刻画和展示。多维度的分析有助于了解事物的全貌，从而实现更精准的服务和管理。例如，通过大数据分析学生的学习能力、生活规律、行为习惯、朋友圈等多方面的情况，可以建立学生的个体"画像"，更加全面地了解学生的心理健康状况、经济状况、学业发展等，从而及时发现问题和困难，提供精准帮助。

（4）常态化监测管理。传统的数据采集方式主要依靠人工采集，数据更新周期较长，采集的数据多为静态的、孤立的，这样的数据难以持续监测教育的动态变化过程。大数据的出现加快了数据的生成和应用速度，数据在各类平台和系统中即时生成、实时采集和动态更新，产生的数据具有动态性和实时性，数据更加客观和可持续，为科学、精确的决策支持、业务管理、监测监管、评估评价、公共服务提供有效支撑。例如，很多高校全面加强对师生动态数据的感知、采集、分析和监测，为实现学生综合素质的多维度评价提供了可能。

二、研究生教育大数据的特征

研究生教育大数据是教育大数据的重要组成部分，在教育数字化飞速发展的今天也越来越受到各界的关注。有学者认为，研究生教育管理大数据应包括整个研究生教育过程中产生的以及根据需要采集的，乃至与研究生教育相关联的其他领域的一切用于研究生教育管理和教育发展的数据[1]。有学者将高等教育大数据定义为存在于高等教育领域，能够影响教育教学活动的一切隐性数据和显性数据的集合[2]。

已有研究以不同的方式从不同的角度定义教育大数据。方海光认为教育大数据是教育领域中的大数据，特指教育领域的数据集合[3]。杨现民等认为教育大数据是整个教育活动过程中产生的以及根据教育需要采集的，一切用于教育发展并可创造巨大潜在价值的数据集合[4]。杜婧敏等认为教育大数据是面向教育全过程时空的多种类型的全样本的数据集合[5]。孙洪涛和郑勤华把教育大数据定义为服务教育主体和教育过程、具有强周期性和巨大教育价值的高复杂性数据集合[6]。

本书认为，研究生教育大数据是指整个研究生教育过程中产生的以及其他与研究生教育相关的，有助于为研究生教育管理和服务提供信息和价值的各类数据集合。对于研究生教育大数据的理解应该关注和强调其服务教育发展的功能以及潜在价值的挖掘。

据统计，2021 年全国有研究生培养单位 827 所，在学研究生人数 333.24 万人，授予博士、硕士学位人数 76.44 万人，研究生指导教师人数 55.65 万人。庞大的数据基数产生了庞大的研究生教育基础数据以及伴生数据，研究生教育数据资源整体上满足数量大、种类多、具备分析价值等特点，完全符合大数据的特征。

研究生教育的发展过程和研究生的培养过程时时刻刻都在产生大量的数据，这些数据可以从各个维度全面、准确地反映研究生教育的发展状况和研究生的各方面特征。我们可以把研究生教育大数据看作一种信息资源、一类技术工具和一种思维方式。研究生教育大数据可以促进教育管理从经验型、粗放型、封闭型向精细化、智能化、可视化转变，可以为教育管理和服务提供精准、有效、可靠的数据支持。研究生教育大数据通过运用数据资源、数字技术和价值挖掘，为研究生管理理念的转变提供了数据和技术支撑，进而为研究生教育管理范式的变革创造了新的机遇。

与计算机领域或其他领域相比，研究生教育大数据有其独特性。

1. 范围及对象的独特性

研究生教育是国民教育体系的最高端，以培养具有创新能力的高层次人才为

① 张凌云，陈龙. 大数据时代高校研究生教育管理的变革：基于发达国家实践的考察[J]. 学位与研究生教育，2018，(6)：33-37.

② 李燕，陈伟，张淑林. 大数据在高等教育领域应用的探析[J]. 电子科技大学学报（社科版），2018，20（2）：102-108.

③ 方海光. 教育大数据：迈向共建、共享、开放、个性的未来教育[M]. 北京：机械工业出版社，2016：17-18.

④ 杨现民，王榴卉，唐斯斯. 教育大数据的应用模式与政策建议[J]. 电化教育研究，2015，36（9）：54-61，69.

⑤ 杜婧敏，方海光，李维杨，等. 教育大数据研究综述[J]. 中国教育信息化，2016，(19)：1-4.

⑥ 孙洪涛，郑勤华. 教育大数据的核心技术、应用现状与发展趋势[J]. 远程教育杂志，2016，34（5）：41-49.

目标，关系到国家经济和社会发展，关系到国家科技和人才竞争力。从主要活动看，研究生主要致力于开展原创性理论和应用研究，“研究”是研究生教育的主要活动。因此，研究生教育大数据涵盖的数据不仅包括人才培养，还包括科学研究和社会服务等方面，其中，科学研究方面的数据更能反映研究生教育发展和培养成效。从涉及对象看，研究生教育大数据涉及多种对象和主体，不仅有高等学校，还有科研机构，甚至企业；不仅有研究生，还有导师，以及国内外专家学者；不仅有国家或省级的管理部门，还有研究生培养单位，以及更细化的院系部门；除了实体组织以外，还有基本的学术单元——学科。各种对象都需要不同的数据反映其状况和特征。

2. 数据及方法的独特性

在数据类型上，研究生教育大数据既包含传统型数据，也包含新型数据，是传统型数据与新型数据相结合的综合范畴。教育管理部门和高校的信息化建设积累了大量教学、科研、管理等方面的传统型数据。随着数据采集技术的发展，与研究生教育相关的非结构化数据、动态数据等新型数据的规模日益庞大。传统型数据和新型数据相结合，具有更重要的数据分析价值。在分析方法上，既要综合运用传统的数据分析方法和工具，又要合理采用专门针对大数据处理的新方法与新工具。

第二节　研究生教育大数据发展阶段

大数据已经成为新时代促进教育创新发展的外生力量，对于加快实现教育现代化具有重要意义。从 2014 年到现在，我国出台了一系列相关政策鼓励大数据在教育领域的应用发展，我国研究生教育大数据经历了从起步到实施，再到落地、深化的过程。

一、国外有关政策及发展

世界各国都非常重视大数据在教育领域的应用和发展，出台了一系列与教育大数据相关的政策及发展规划。美国是最早进行大数据研究及应用的国家。2002 年《不让一个孩子掉队法》的实施，推动了美国教育数据库的建设进程。根据《不让一个孩子掉队法》，各州需要报告学生学业成绩进步情况，从而加速了各州数据库的建设进程[①]。2005 年，美国教育部启动了教育大数据战略基础性工程“州级纵

① 王正青，徐辉. 大数据时代美国的教育大数据战略与实施[J]. 教育研究，2018，39（2）：120-126.

向数据系统”（Statewide Longitudinal Data System，SLDS）项目，帮助各州设计、开发与利用州级纵向数据系统，以便有效、准确地管理、分析、分类处理与利用每一位学生的数据①。2012 年，美国教育部发布《通过教育数据挖掘和学习分析促进教与学》报告，阐述了个性化学习、教育数据挖掘和分析方法、自适应学习系统中的数据应用、教育数据挖掘和学习分析应用、现实挑战和建议等议题，提出通过对教育大数据的挖掘与分析，促进美国大中小学教学系统变革的目标，并以典型案例和实施建议等方式指导美国各级学校有效应用大数据②。2017 年，《美国国家教育技术计划》提出通过技术变革学习方式的愿景与计划，为所有与教育相关的参与者和组织者提供技术推动的教学目标及行动建议，实现泛在化学习③。2019 年 3 月，联合国教育、科学及文化组织发布了《教育中的人工智能：可持续发展的挑战和机遇》报告，提出了人工智能教育发展的愿景、目标、途径、挑战等，并从三个方面着重探讨了教育中人工智能可持续发展的相关问题。一是利用人工智能改善学习和促进教育公平；二是利用人工智能为学习者的未来做准备；三是人工智能在教育中应用的挑战和政策影响④。

二、我国有关政策及发展

1. 起步阶段

早在 2014 年我国管理部门就开始重视大数据在教育中的应用。2014 年 3 月，教育部办公厅印发的《2014 年教育信息化工作要点》提出，完善动态监测、决策应用、教育预测、国际比较以及数据展示和查询等主体功能模块，实现部内相关数据资源的整合与集成、教育与经济社会数据的关联与分析，为教育决策提供及时和准确数据支持，指导推动省级决策支持系统的建设和应用，推动教育基础数据在全国的共享。2015 年 8 月，国务院印发的《促进大数据发展行动纲要》指出，大数据已成为国家重要的基础性战略资源。通过促进大数据发展，加快建设数据强国，释放技术红利、制度红利和创新红利，提升政府治理能力，推动经济转型升级。该纲要对 10 个大数据工程进行规划，并在“公共服务大数据工程”中明确提出建设“教育文化大数据”，将教育大数据提升到了国家战略高度，教育大数据建设迎来重大历史发展机遇。2016 年工业和信息化部印发的《大数据产业发展

① 王正青，徐辉. 大数据时代美国的教育大数据战略与实施[J]. 教育研究，2018，39（2）：120-126.

② 徐鹏，王以宁，刘艳华，等. 大数据视角分析学习变革：美国《通过教育数据挖掘和学习分析促进教与学》报告解读及启示[J]. 远程教育杂志，2013，31（6）：11-17.

③ 王旭燕，孙德芳. 美国高校大数据精准指导弱势学生发展研究[J]. 比较教育研究，2020，42（6）：50-57.

④ 任友群，万昆，冯仰存. 促进人工智能教育的可持续发展：联合国《教育中的人工智能：可持续发展的挑战和机遇》解读与启示[J]. 现代远程教育研究，2019，31（5）：3-10.

规划（2016-2020 年）》提出，促进大数据在政务、交通、教育、健康、社保、就业等民生领域的应用。2016 年教育部印发的《教育信息化“十三五”规划》提出，积极利用云计算、大数据等新技术，创新资源平台、管理平台的建设、应用模式。基于学生学习大数据的教学管理等大数据应用逐步开展。

2. 实施阶段

2017 年教育部、国务院学位委员会印发的《学位与研究生教育发展“十三五”规划》提出“开展研究生教育大数据分析，加强质量监测与调控”，对运用大数据技术进行研究生教育质量的监测与分析提出了明确要求。2018 年教育部印发的《教育信息化 2.0 行动计划》10 次提及“大数据”，提出深化教育大数据应用，全面提升教育管理信息化支撑教育业务管理、政务服务、教学管理等工作的能力。在教育信息化 2.0 时代，教育大数据开始全面、快速发展。

3. 深化阶段

2020 年中共中央、国务院印发的《深化新时代教育评价改革总体方案》提出，利用人工智能、大数据等现代信息技术，探索开展学生各年级学习情况全过程纵向评价、德智体美劳全要素横向评价。2021 年 3 月教育部印发的《关于加强新时代教育管理信息化工作的通知》提出，以数据为驱动力，利用新一代信息技术提升教育管理数字化、网络化、智能化水平，推动教育决策由经验驱动向数据驱动转变、教育管理由单向管理向协同治理转变、教育服务由被动响应向主动服务转变，以信息化支撑教育治理体系和治理能力现代化。2021 年中央网络安全和信息化委员会印发的《“十四五”国家信息化规划》提出，发挥在线教育、虚拟仿真实训等优势，深化教育领域大数据分析应用，不断拓展优化各级各类教育和终身学习服务。2022 年 2 月，《教育部 2022 年工作要点》提出实施教育数字化战略行动，强化需求牵引，深化融合、创新赋能、应用驱动，积极发展“互联网 + 教育”，加快推进教育数字转型和智能升级。

在党中央、国务院对教育大数据的高度重视和持续推进下，有关政策密集出台，为各级各类教育大数据提供了广阔的发展空间。当前，教育部已将教育信息化作为发展的战略制高点，大力推进教育信息化、教育资源数字化建设，启动实施国家教育数字化战略行动。国家教育数字化战略行动聚焦学生学习、教师教学、学校治理、社会赋能、教育改革创新，充分发挥叠加效应、积聚效应、倍增效应。通过将人工智能、大数据等信息技术与教育教学深度融合，深入推进智慧教育、开展终身数字教育，人人皆学、处处能学、时时可学的高质量个性化终身学习体系加速构建，有效促进了教育公平和提升了质量。

第三节　研究生教育大数据的研究现状

我国关于高等教育大数据的研究主要从2013年开始进入高速发展阶段，针对研究生教育大数据的研究则主要从2015年开始逐渐丰富。相关的研究范围从高等教育大数据的内涵及作用、机遇与挑战等基础内容，不断向建设路径、应用发展等方向扩展，近年来的研究热点逐渐转向教育数字化、教育数字化治理、教育现代化等方向。

一、研究生教育大数据相关研究

在内涵及作用方面，杨现民等在2015年提出教育大数据是整个教育活动过程中产生的以及根据教育需要采集的，一切用于教育发展并可创造巨大潜在价值的数据集合；教育大数据的五层架构包括个体层数据、课程层数据、学校层数据、区域层数据以及国家层数据，自下而上汇聚了各种教育数据[①]。2016年杨现民等对教育大数据的内涵、价值和挑战进行了探讨，认为教育大数据的最终价值应体现在与教育主流业务的深度融合以及持续推动教育系统的智慧化变革上，包括驱动教育管理科学化、驱动教学模式改革、驱动个性化学习真正实现、驱动教育评价体系重构、驱动科学研究范式转型、驱动教育服务更加人性化[②]。石贵舟和余霞分析了高等教育大数据的作用，提出了“搭建数据平台，开发大数据技术；优化资源配置，提升大数据效能；培养科技人才，提高大数据质量；拓展数据技能，构建智能平台”等促进高等教育大数据发展的路径[③]。李馨探讨了大数据解决教与学问题的潜能，提出了高等教育大数据分析的概念框架和数据框架，并对高等教育大数据分析的机遇和挑战进行了总结分析[④]。

在应用及路径方面，陆根书提出大数据在高等教育领域的应用对完善学校规划、促进学校发展，感知教学现实、提升教学效能、优化学习经历、提高学习质量、促进科学研究、推动跨学科发展具有重要意义，并总结了教育大数据分析的主要技术方法和困难挑战[⑤]。王凤肆等对大数据时代中国高等教育教学模式改革、人才培养顶层设计及考核评价模式方面的变化进行了探讨[⑥]。常桐善总

---

① 杨现民，王榴卉，唐斯斯. 教育大数据的应用模式与政策建议[J]. 电化教育研究，2015，36（9）：54-61，69.

② 杨现民，唐斯斯，李冀红. 发展教育大数据：内涵、价值和挑战[J]. 现代远程教育研究，2016，（1）：50-61.

③ 石贵舟，余霞. 高等教育大数据的作用及其构建[J]. 教育探索，2016，（9）：65-69.

④ 李馨. 高等教育大数据分析：机遇与挑战[J]. 开放教育研究，2016，22（4）：50-56.

⑤ 陆根书. 大数据在高等教育领域中的应用及面临的挑战[J]. 重庆高教研究，2022，10（4）：31-38.

⑥ 王凤肆，宗滕，陈冰. 大数据时代中国高等教育改革发展探讨[J]. 高教学刊，2022，8（25）：18-21.

结了美国高等教育大数据的建设路径及经验，提出中国高等教育大数据建设要加强和完善高等教育大数据治理体系，制定长远的高等教育大数据发展战略规划，加强高校内部运行数据系统的建设，建立高等教育大数据共享平台等建议①。张姗姗和曾超对中美教育大数据的发展过程、数据采集、面临的挑战三个方面进行了对比研究②。郑燕林和柳海民从大数据为何而用、大数据从何而来、大数据如何而用这三个方面分析了美国在整体层面如何规划与推进大数据在教育评价中的深入应用③。

在转型及发展方面，崔佳提出大数据驱动下的高等教育转型主要在于两个方面：高等教育治理转型和高等教育模式转型。前者通过大数据治理优化资源配置和教育决策，后者在大数据支持下指向教育教学质量的提升④。袁利平和林琳探讨了大数据赋能高等教育治理的内在机理、价值逻辑、现实境遇及行动选择，提出进一步规范数据治理，完善中国特色现代大学制度；挖掘数据价值，激发高等教育治理内在动力；立足整体数据，实现高等教育协同治理；深度解读数据，彰显以人为本的价值导向⑤。

研究生教育大数据相关主题虽然也有学者研究，但研究内容还不够丰富。赵立莹基于《全球研究生教育行动指南》，指出大数据时代我国研究生教育变革的路径主要包括建立研究生教育数据库、基于大数据证据提高研究生管理效力的能力、加强下一代数据专家培养、培养符合大数据人才标准的研究生、提高研究生利用大数据进行跨学科研究的能力等⑥。王战军和蔺跟荣提出动态监测已经成为大数据驱动的研究生教育管理决策新范式，利用现代信息技术持续收集、深度挖掘和系统分析数据，以数据融合和交互的方式动态呈现研究生教育实时状态，为多元主体价值判断、科学管理、持续改进提供决策支撑⑦。李娟和张晓会对研究生教育大数据信息资源建设的众筹模式进行了探讨⑧。张凌云和陈龙总结了主要发达国家研究生教育管理在大数据时代的变革趋势，即管理理念由管理本位向服务本位转变，管理范式由数据驱动决策向数据形成领导力转变，管理目标由以提高管理效率为

① 常桐善. 高等教育大数据建设路径：美国的经验及其对中国的启示[J]. 重庆高教研究，2022，10（4）：20-30.

② 张姗姗，曾超. 中美教育大数据的对比研究[J]. 世界教育信息，2018，31（20）：10-12，26.

③ 郑燕林，柳海民. 大数据在美国教育评价中的应用路径分析[J]. 中国电化教育，2015，（7）：25-31.

④ 崔佳. 大数据驱动下的高等教育转型[J]. 中国高等教育，2023，（8）：57-60.

⑤ 袁利平，林琳. 大数据赋能高等教育治理的逻辑理路、现实境遇及行动选择[J]. 高校教育管理，2022，16（3）：32-45.

⑥ 赵立莹. 大数据时代我国研究生教育的变革路径：基于《全球研究生教育行动指南》[J]. 学位与研究生教育，2016，（9）：65-68.

⑦ 王战军，蔺跟荣. 动态监测：大数据驱动的研究生教育管理新范式[J]. 研究生教育研究，2022，（2）：1-8.

⑧ 李娟，张晓会. 研究生教育大数据信息资源建设的众筹模式初探[J]. 北京航空航天大学学报（社会科学版），2020，33（5）：141-146.

目的向以研究生增值为中心转变，管理手段由以控制为主向以预测为主转变①。

二、教育大数据采集与处理相关研究

我国已有学者围绕教育大数据采集与处理开展了较为丰富的研究。柴唤友等阐述了教育大数据的采集内容、采集方式、采集手段及标准与规范，并结合当前教育大数据建设与应用中的实际问题，分别从平衡数据共享与隐私保护、驱动数据治理与人才创新、创新采集机制与相关技术三个方面，对教育大数据采集研究提出对策和建议②。邢蓓蓓等探讨了教育大数据的来源，认为教育大数据产生于各种教育实践活动，核心数据源头是人和物，并介绍了 4 大类、13 种常见的数据采集技术，包括物联感知类技术、视频录制类技术、图像识别类技术以及平台采集类技术等③。杨现民等探索构建了包括教育数据采集层、教育数据处理层、教育数据分析与展现层和教育数据应用服务层的教育大数据通用技术框架④。李振等对教育大数据平台的架构进行了研究设计，从学习行为大数据采集、教育大数据存储与计算，以及教育大数据分析挖掘三个方面，对平台的关键实现技术进行了研究⑤。

虽然国内对于教育大数据的研究起步较晚，但发展迅速，目前国内关于教育大数据及大数据的采集与处理已经积累了相当的研究成果。现有研究中聚焦于研究生教育大数据的不同特征和不同采集处理方法的仍然较少，研究生教育在教育目标、教育环节、教育内容等方面与其他教育阶段有明显差异，因而研究生教育领域的大数据应用及相关方法技术也需要开展针对性的研究，从而促进研究生教育大数据的进一步发展。

第四节　研究生教育大数据的分类

一、按数据层次划分

根据研究生教育的主体和对象的不同，研究生教育大数据可分为个体层面、

① 张凌云，陈龙. 大数据时代高校研究生教育管理的变革：基于发达国家实践的考察[J]. 学位与研究生教育，2018，(6)：33-37.

② 柴唤友，刘三女牙，康令云，等. 教育大数据采集机制与关键技术研究[J]. 大数据，2020，6（6）：14-25.

③ 邢蓓蓓，杨现民，李勤生. 教育大数据的来源与采集技术[J]. 现代教育技术，2016，26（8）：14-21.

④ 杨现民，唐斯斯，李冀红. 教育大数据的技术体系框架与发展趋势：“教育大数据研究与实践专栏”之整体框架篇[J]. 现代教育技术，2016，26（1）：5-12.

⑤ 李振，周东岱，刘娜，等. 教育大数据的平台构建与关键实现技术[J]. 现代教育技术，2018，28（1）：100-106.

学校层面、学科层面、国家层面的数据。

一是个体层面。个体层面的数据包括研究生个体和研究生导师个体的基本信息、教育信息、行为信息等。个体层面的数据既有来自学校采集的教学科研过程数据和行为习惯数据，如教育经历、选课信息、在线学习数据、学业成绩、参与学术活动信息、上网时长等，也有来自其他组织机构或者互联网上的信息，如个人简历、论文发表、科研项目、学术交流、学术合作、就业发展、社交活动等。

二是学校层面。学校层面的数据包括研究生培养单位的基本信息、教务管理、学生管理、科研管理、培养质量等信息，如学校管理制度、培养方案、学位授予标准、培养质量报告、招生数据、在校生数据、毕业就业数据、课程教学数据、评估材料等。

三是学科层面。学科层面的数据包括学位授权点、学科建设状况、专业学位类别的基本情况、研究生群体、研究生导师队伍、科研成果、教学资源等信息。学科是研究生培养的重要基础单元，不同学科的培养目标不同，其数据内容也有很大差异。

四是国家层面。国家层面的数据包括国家总体的研究生教育与管理的相关数据，如政策文件、教育统计数据、学位授予单位信息、学位授权点信息、学科支撑平台信息、实践教学基地信息、科研项目及奖励信息、教育督导信息、评估评价数据等。

二、按数据来源划分

不同类型的组织机构和单位掌握的数据资源不同。研究生教育大数据的数据来源可分为研究生培养单位、政府部门、组织机构、相关企业和平台、社交媒体等。

一是研究生培养单位。高校直接管理师生的教学、科研等活动，采集了大量有关研究生、研究生导师、研究生培养、研究生管理与服务等方面的原始数据。

二是政府部门。国家教育和相关政府部门管理有关研究生教育的宏观层面的数据，发布与研究生教育相关的政策文件、通知公告、各类统计数据、质量报告等信息。

三是组织机构。各类权威机构、行业组织和学会发布各类项目、成果、获奖、评价、排名等信息。

四是相关企业和平台。一些企业通过多样化的学习平台、服务平台等采集和发布了教育资源、云课堂、科研成果、就业发展、学者信息等研究生教育相关信息。

五是社交媒体。微博、微信、论坛等社交平台积累了研究生、研究生导师的社交活动和交互信息。

三、按数据结构划分

根据数据结构的不同，研究生教育大数据可分为结构化数据和非结构化数据。

一是结构化数据。结构化数据是指可以用关系型数据库表示和存储，表现为二维形式的数据。高校的教学管理、科研、人事、财务、资产等业务系统产生和积累了大量结构化数据，包括研究生基本信息、导师基本信息、课程教学信息、学术活动信息、奖助学金信息、毕业就业信息等。教育管理部门的业务系统采集的高校基本状况数据、教育评审评估数据也属于结构化数据。目前在实际分析应用中使用的数据绝大多数都是结构化数据。

二是非结构化数据。非结构化数据是数据结构不规则、无法用关系型数据库存储的数据，包括视频、音频、图片、文档、网页等形式的数据。高校拥有规模庞大的非结构化数据，如网络教学资源、系统日志、各类报表、各种文档、网络言论、一卡通记录、可穿戴设备采集数据、移动智能终端数据等，这些数据往往在师生利用校园网进行教学科研时产生或在日常工作学习生活中产生。这些非结构化数据数量巨大，结构千差万别，价值密度较低，却蕴含着丰富的信息资源，使用传统的信息技术很难进行有效的管理，其应用还没有得到足够有效的开发。随着大数据的发展，非结构化数据的存储和分析技术日益成熟，非结构化数据的采集和分析日益受到重视。

四、按数据状态划分

根据数据状态的不同，研究生教育大数据可分为静态数据和动态数据。

一是静态数据。静态数据是指在一定时间内相对稳定的数据。学位授权点信息、学位授予信息、学位论文数据、教育统计数据等都是静态数据。静态数据虽然变化不频繁，但经过一定时期的积累和对比，也可以呈现一定的特征及规律。

二是动态数据。动态数据是指随时或者短时间内会发生变化的数据，以及在教学、科研及管理活动中不断变化的数据，如在线课程学习、图书馆借阅、一卡通消费等，都是动态数据。动态数据相对于静态数据更具有及时性和持续性，更能反映研究生教育动态趋势，具有很高的分析价值。目前，教育管理对静态数据的采集、分析和利用较多，对动态数据的持续采集和分析研究较少。建立持续的数据采集机制、运用大数据技术深入挖掘动态数据价值是研究生教育大数据应用的发展方向。

第五节　研究生教育大数据的价值及意义

教育大数据在精准化教学、个性化学习、教育管理、教育评价等方面都有着不同程度的应用，有力促进教育决策科学化、教育培养个性化、教育评价精准化，可以有效破解管理方法传统、教育同质化、评价标准单一等难题。

一、研究生教育决策科学化

传统的教育管理和决策由于缺乏足够的数据支撑，难以客观全面地了解实际情况，做出科学准确的判断。将大数据思维与技术运用到教育管理，管理者可以基于数据分析了解教育发展状况，根据数据反映的特征和规律更加精准地做出判断和决策，而不只是依靠直觉和经验。大数据与研究生教育深度融合，有利于实现教育管理、教育服务、教育决策等的即时性和全程性。同时，随着教育数据挖掘分析的不断深入，可以深度挖掘各因素之间的关联关系和因果关系，探寻教育发展规律，发现教育过程存在的问题，转变教育管理模式，提升教育管理决策的科学性和客观性。例如，利用研究生教育大数据，可以为教育资源的配置、授权单位及学位点的布局、研究生招生名额的分配等教育管理决策提供支持。不同领域招生名额的调整，需要运用教育、经济、科技、社会等多方面的数据，综合考虑国家战略发展需求、地区发展规划、劳动力市场供需发展趋势、毕业生存量等多种因素，建立大数据算法模型进行模拟预测。

二、研究生教育培养个性化

利用大数据变革传统的教学方法和模式，促进研究生个性化培养是大数据助力研究生教育培养的典型应用之一。随着教育数字化转型的推进，智慧教育平台汇聚了大量的学习资源，记录了学生的在线学习行为，包括资源浏览、课程播放、问题讨论、作业提交、材料阅读、重复观看、停留时长、答题正确率等；教育管理平台采集了教学活动中产生的数据，对教育过程进行监测和分析。大数据使教育以学习者为中心，更客观全面地认识学生的学习兴趣和知识基础，为学习者提供更适合的学习内容、学习资源、学习服务，优化和改进教学方法和模式，设计更具针对性的教学活动，使统一化的教育方式转变为个性化的学习方式。通过大数据分析学生的学习特点、兴趣爱好和行为倾向，发现学习规律和特征，使得精准化、个性化、针对性的学习成为可能。

除了学习大数据以外，生活习惯、生活轨迹等大数据也有助于精准育人。国内很多高校已经开始利用大数据技术精准识别家庭经济困难的学生，实施人性化的“隐形资助”；有高校通过大数据分析发现，学生成绩与到教学楼、图书馆的次数相关性不大，而与生活是否规律显著相关，据此对学生的学习和生活进行规律性的引导。这些案例证明，利用大数据的确可以实现对学生成长过程的精确掌握，有助于教育者精细管理，精准教学，精心育人[①]。

三、研究生教育评价精准化

长期以来，我国高等教育评价大多采用“单位申报材料—同行专家评价—管理部门审定”的方式，评价数据主要依靠被评单位报送，被评单位需要填表报数、总结工作，准备各类评估评价的负担较重，评价结果受主观填报数据的影响较大。教育大数据为评价工具的创新带来了机遇，评价数据采集从过度依赖数据报送模式，转向利用多种途径采集相关数据，形成多样化的教育评价数据采集新途径。教育评价正在从“经验主义”走向“证据主义”，从“宏观层面评价”走向“微观层面评价”，从“单一评价”走向“综合评价”，从“结果评价”走向“过程诊断”。通过新兴信息技术的应用，评价数据将更加丰富，可从大数据中挖掘出更多反映价值和规律的新型指标，评价指标将更加多元多维，从而为开展多维分类评价提供基础，高校可以根据自身需要，定制“一校一案”的个性化评估指标体系，形成促进不同高校在不同层次、不同领域各展所长、发挥特色的良好环境。

① 王建红. 善用大数据技术促高等教育治理现代化[N]. 中国教育报，2020-04-20（3）.

第二章　研究生教育大数据的数据体系

研究生教育大数据的快速发展为研究生教育管理变革带来了新的机遇和挑战。研究生教育大数据来源广泛、规模庞大、涉及的对象和内容繁多，为了更清晰地了解研究生教育大数据的结构和框架，需要从宏观层面对整个数据体系进行系统的梳理，从数据内容、业务对象、数据属性等维度呈现研究生教育大数据的整体样貌。

第一节　数据体系的构建

研究生教育大数据内容丰富、类型多样、数据量庞大，在实际应用过程中存在数据分散、数据难采集、数据难整合等问题。通过构建数据体系，全面地呈现研究生教育大数据的框架和内容，能够为数据的采集、处理和应用提供指引，促进研究生教育大数据的有效利用。

数据体系首先应对数据资源的内容进行分类，对数据内容进行系统描述；其次应对数据涉及的对象进行提取，形成数据关系图，展示数据间的关联关系；最后应对数据的属性、数据项、数据存储等基本信息进行说明。基于教育管理理论和数据治理方法论，结合研究生教育管理实践，构建由数据内容体系、业务对象体系、元数据模型组成的数据体系（图 2.1）。

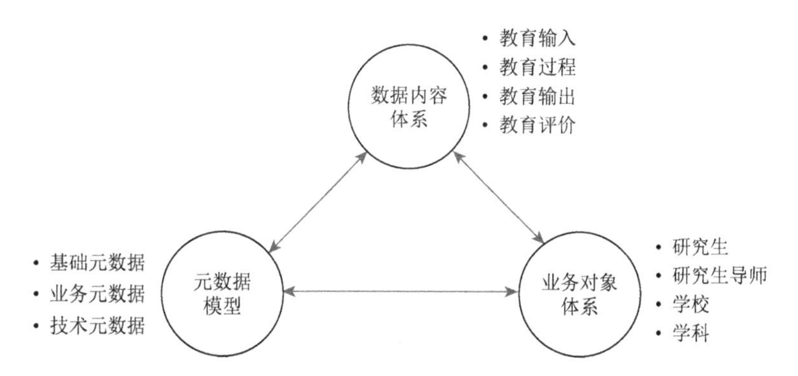

图 2.1　研究生教育大数据的数据体系

数据内容体系是从研究生培养的关键环节和相关因素出发，对研究生教育大数据的内容框架进行规划设计。

业务对象体系是从研究生教育的主体和对象出发，对研究生教育大数据中各类对象的属性及相关数据进行规划设计。

元数据模型是从数据视角对研究生教育大数据中各类数据的业务特征、物理特征进行描述的模型。

第二节 数据内容体系

根据系统质量观，研究生教育是由“输入—过程—输出”构成的教育投入-产出系统，这一系统的输入、过程和输出的每个环节都体现了研究生教育的质量要求。通过分析研究生教育的各环节和因素，对研究生教育大数据的内容体系进行构建。

数据内容体系从教育输入、教育过程、教育输出、教育评价四个方面进行设计。教育输入的一级类别包括：生源状况、师资状况、办学资源与条件、经费投入、体制机制保障。教育过程的一级类别包括：课程与教学、科研训练、实践创新、论文答辩及考核、国际交流、校园生活。教育输出的一级类别包括：人才培养产出、科学研究产出、社会服务产出。教育评价的一级类别包括政府评价、用人单位评价、研究生评价、第三方机构评价。结合研究生教育实际，对一级类别进一步细化，形成二级类别，二级类别更加具体、明确，体现了一级类别数据的内涵和外延。数据内容体系如表 2.1 所示。

表 2.1 数据内容体系

大类	一级类别	二级类别	数据说明
教育输入	生源状况	学生基本信息	年龄、性别、籍贯等
		招生录取	
		生源结构	
	师资状况	导师基本信息	
		师资规模	
		师资结构	
		师资水平	
	办学资源与条件	平台与基地	
		设施及仪器	
		图书与期刊	
	经费投入	教育经费	
		研究与试验发展经费	
	体制机制保障	管理制度	
		学位授予标准	

续表

大类	一级类别	二级类别	数据说明
教育过程	课程与教学	培养方案	
		课程信息	课程基本信息、课程资源
		课程学习	选课数据、学生学习行为、教师教学行为、师生课堂互动等
		课程考核	成绩数据、作业数据
	科研训练	学术训练	实验室使用、设备使用
		学术交流	科研合作网络
	实践创新	案例教学	
		产学合作	
		实习实践	
		竞赛活动	
	论文答辩及考核	论文开题	
		中期考核	
		论文评阅	
		答辩	
	国际交流	出国学习/访学	
		国际合作研究	
		国际学术会议	
	校园生活	生活习惯	一卡通消费、图书馆借阅、行为轨迹
		上网行为	上网日志
		社交活动	社交网络、社团活动参与
		网络言论	微博、微信、论坛的网络言论
教育输出	人才培养产出	学位论文	
		学位授予	
		毕业去向	就业单位、就业流动等
	科学研究产出	科研项目	
		科研奖励	学术奖项
		学术论文	论文发表
		学术专著	
		科研成果转化或应用	专利申请、授权、转化
		艺术创作与展演	
	社会服务产出	社会服务与贡献	

续表

大类	一级类别	二级类别	数据说明
教育评价	政府评价	审核评估	
		合格评估	
		水平评估	
	用人单位评价	用人单位调查	
	研究生评价	在校生调查	
		毕业生调查	
	第三方机构评价	大学排名、学科排名	

其中，课程资源、课程学习、生活习惯、社交活动、网络言论数据是典型的非结构化数据。课程资源数据是指学习者在学习过程中需要的相关学习材料和学习环境，如多媒体素材、文档、试卷、教学课件、案例等，这类数据多以文本、音频、视频等非结构化形式存储在文件系统中。课程学习数据包括线上课程观看浏览、师生课堂互动、在线完成作业、资源回访率、点击资源频率与时长等。生活习惯数据是指学生或教师在校园生活中产生的数据，如一卡通消费、图书馆借阅、行为轨迹等。对学习者而言，可以通过一卡通管理数据库、学生管理系统数据库采集食堂就餐数据、校内购物数据、打开水数据、进出宿舍数据等，以分析该学习者的就餐时间、购物次数、购物金额、生活习惯、归寝情况等；可以通过图书馆管理系统数据库采集图书阅览数据、图书馆自习数据、学术活动数据等，以分析该学习者的图书馆借阅、日常自习时间等。社交活动数据是指通过社团活动数据、进出校内各活动场馆数据等，分析该学习者的社团及活动参与情况，以及好友关系等[①]。网络言论数据是指有关高校的新闻、微博、微信等互联网数据或学生通过论坛、知乎等多种网络渠道发表的看法和观点等。对网络言论进行情感语义分析、识别情感倾向，有助于从侧面反映研究生培养满意度。

第三节 业务对象体系

业务对象是指研究生教育领域中重要的人、事、物对象，是研究生教育运行和管理中的核心组织、人员或单元等。业务对象需要通过大量属性和多维度信息来描述研究生教育各类主体各方面的性质和特征。业务对象的相关数据被重复调用、共享并应用于多个业务流程，跨越多个业务部门和系统，具有很高的应用价值。根据业务规则和数据质量标准对收集到的业务对象数据进行加工处理、提取

①肖君．教育大数据[M]．上海：上海科学技术出版社，2020.

整合、关联匹配，保证数据的准确性、一致性、完整性，可以促进跨部门、跨系统的数据融合应用。

研究生教育大数据的业务对象包括研究生、研究生导师、学校、学科等研究生教育中重要的参与方和相关方。各类业务对象的数据相互关联，但因为范围和层次不同，又存在很大差异。业务对象体系能够直观地展示各类业务对象的信息及其分布情况，发现数据之间的相关性。

研究生是研究生教育中最主要的个体，是研究生教育活动的参与者，其相关数据包括基本信息、学业情况、科研训练、实践创新、生活习惯、论文答辩及考核、学位论文、毕业去向等。研究生的相关信息如图 2.2 所示。

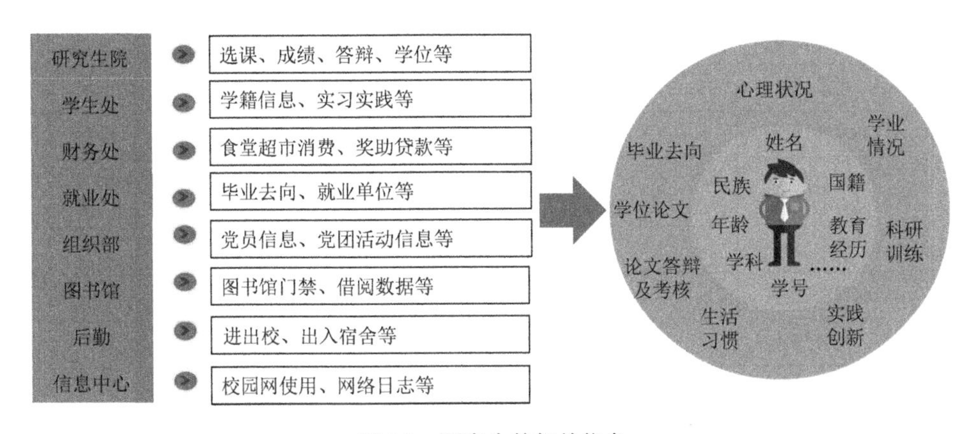

图 2.2　研究生的相关信息

研究生导师是研究生培养的重要参与者，其相关数据包括基本信息、教育背景、工作经历、学术信息、课程教学、科研情况、国际交流、学生评教等。

学校是研究生培养的主体，其相关数据涵盖了研究生教育的输入、过程、输出的全部环节，既有微观个体层面的数据，又有群体层面的数据。

学科是研究生培养重要的基础单元，其数据包括基本信息、研究生群体、师资队伍、条件与支撑、教学资源、人才培养产出、科学研究产出、社会服务产出等，可用于教育管理、教育评价、教育分析。

业务对象体系如表 2.2 所示。

表 2.2　业务对象体系

业务对象	类别	信息维度
研究生	基本信息	姓名、性别、国籍、民族、出生日期、家庭背景等
	学业情况	学校、攻读类别、学科/专业学位类别、教育经历、课程信息、学习行为等

续表

业务对象	类别	信息维度
研究生	科研训练	导师指导、参加学术会议、课题参与、论文发表、专著编写、专利申请、实验室使用、设备使用等
	实践创新	实践基地训练、专业实践研究、竞赛参与、实习经历等
	生活习惯	一卡通消费、图书馆借阅、行为轨迹、朋友关系、社团活动参与、上网日志、网络言论等
	论文答辩及考核	论文开题、中期考核、论文评阅、答辩等
	学位论文	论文题目、关键词、论文类型、论文评审结果等
	毕业去向	去向、就业单位、就业省份、工作性质等
研究生导师	基本信息	姓名、性别、国籍、民族、出生日期等
	教育背景	学校、学历、学位、学科专业、教育经历等
	工作经历	单位、部门、入职年月、行政职务、专业技术职务、职称、导师类别、学术兼职、工作履历等
	学术信息	学科、专业学位类别、研究方向、学术合作等
	课程教学	讲授课程、课程信息、教学行为、导师指导等
	科研情况	学术报告、学术会议、科研项目、论文、专著、专利、奖励荣誉等
	国际交流	出国访学、合作研究、参加国际学术会议等
	学生评教	学生对教师的评价等
学校	基本信息	名称、单位类型、单位性质、授权级别、所在地区等
	生源状况	招生录取信息、生源学校、生源学科等
	师资状况	师资规模、师资结构、师资水平等
	办学资源与条件	平台与基地、设施及仪器、图书与期刊等
	经费投入	教育经费、研究与试验发展经费等
	体制机制保障	管理制度、学位授予标准等
	课程与教学	培养方案、课程设置、选课信息、课程资源、课程考核等
	科研训练	学术训练、学术交流等
	实践创新	案例教学、实习实践、竞赛活动等
	论文答辩及考核	论文开题、中期考核、论文评阅、答辩等
	国际交流	出国学习/访学、国际合作研究、国际学术会议等
	人才培养产出	学位论文、学位授予、毕业去向等
	科学研究产出	科研项目、科研奖励、学术论文、学术专著、专利、新品种研发与转化、新药研发、艺术/设计实践等

续表

业务对象	类别	信息维度
学校	社会服务产出	社会服务与贡献等
	政府评价	审核评估、合格评估、水平评估等
	用人单位评价	用人单位调查等
	研究生评价	在校生调查、毕业生调查等
	第三方机构评价	第三方机构发布的大学/学科排名等
	统计信息	高校统计、招生统计、在校生统计、毕业生统计、学位授予统计、研究生导师规模/结构统计、质量报告等
学科	基本信息	学科名称、学科类型、学位授权点等
	研究生群体	研究生规模、研究生结构等
	师资队伍	师资规模、师资结构、师资水平等
	条件与支撑	学科支撑平台、实践基地、重点实验室等
	教学资源	课程资源、教学案例等
	人才培养产出	学位论文、学位授予、毕业去向等
	科学研究产出	科研项目、科研奖励、学术论文、学术专著、专利、新品种研发与转化、新药研发、艺术/设计实践等
	社会服务产出	社会服务与贡献等

第四节　元数据模型

元数据是关于数据的数据。研究生教育数据复杂繁多，可以利用元数据描述数据的基本特征以及各数据间的关联关系，从而更为准确、具体地描述数据信息。围绕数据的管理和应用需求，构建由基础元数据、业务元数据、技术元数据组成的元数据模型，对研究生教育大数据进行详细描述。

基础元数据是体现数据基本特征的数据，包括数据名称、数据来源、业务系统、数据所有者、类型和格式、数据密级等。

业务元数据是描述数据系统中业务领域相关概念、关系和规则的数据，反映数据的业务含义，包括主题域、信息分类、业务对象、属性、关系、统计口径等。

技术元数据是描述数据系统中技术领域相关概念、关系和规则的数据，可以辅助定位和访问数据，包括数据库、数据表、数据结构、字段、唯一标识等。

元数据模型如图 2.3 所示。

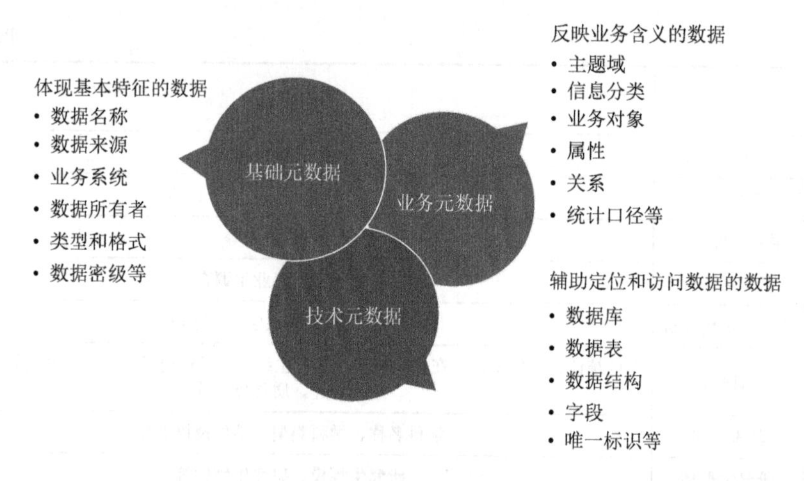

图 2.3　元数据模型

以研究生导师相关数据为例，通过元数据模型可清晰地展现研究生导师各类信息的基本特征、业务领域以及技术存储等情况。元数据模型示例如图 2.4 所示。

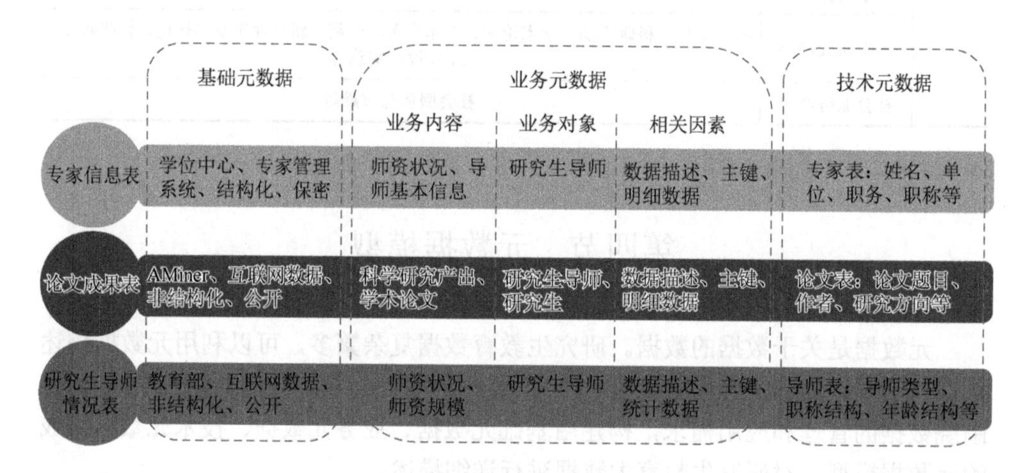

图 2.4　元数据模型示例

业务元数据是体现涉及的业务内容、业务对象、相关因素的关联关系的数据，是元数据模型中用于数据分析的最重要部分。不同类别的数据资源包含的相关因素和信息价值差异很大，业务元数据的复杂程度也差异较大。例如，学术论文数据的业务元数据中包含作者信息、研究主题、出版信息、资助项目、参考文献等丰富的信息，如图 2.5 所示。充分认识元数据，有利于运用数据中的各维度因素开展多元分析，深入挖掘数据价值。

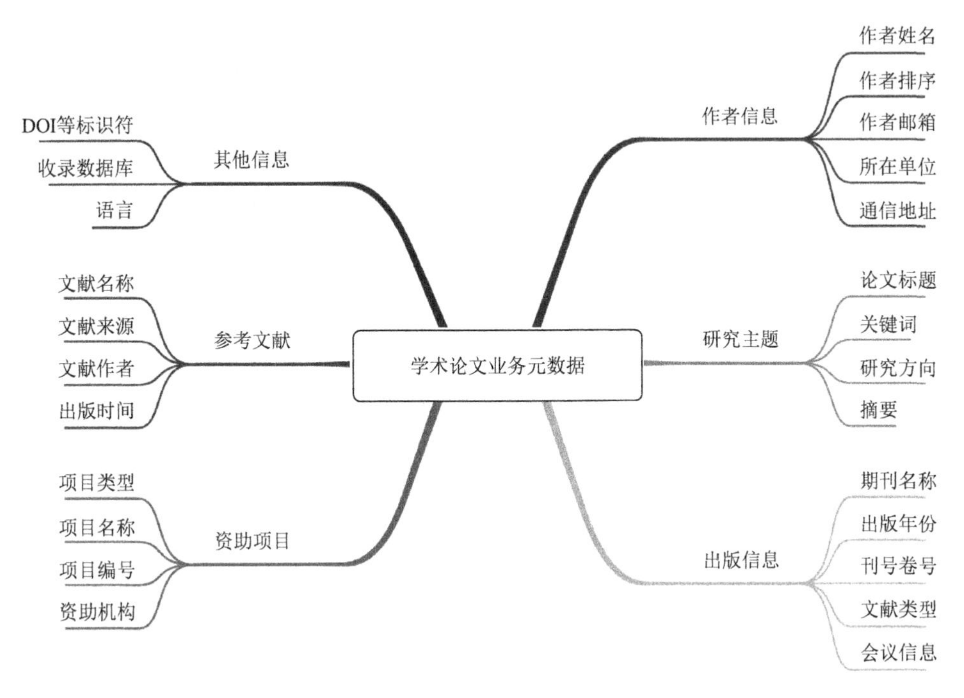

图 2.5　学术论文业务元数据示例

DOI 为 digital object identifier，数字对象唯一标识符

第三章　研究生教育大数据采集与清洗技术

数据的采集与清洗是挖掘研究生教育大数据潜在价值的首要环节，采集与清洗的效果直接影响着数据的质量，进一步对大数据分析及应用的效果有着至关重要的影响。研究生教育大数据采集是一项系统工程，需要综合运用多种技术，对各种类型和特征的数据进行针对性的采集。研究生教育大数据包含多种类型的非结构化数据，难以通过传统的方法技术进行采集和获取，因此，需要围绕研究生教育大数据的采集方式、采集技术及应用实例进行分析和介绍，从而为研究生教育大数据的发展及应用提供有益借鉴。

第一节　大数据采集相关技术

高效、精准地采集研究生教育大数据对研究生教育管理和变革至关重要。根据大数据管理生命周期，大数据采集处理框架体系涉及数据采集、数据预处理、数据存储与管理、数据处理与分析、大数据安全与隐私等多个方面。大数据采集处理框架体系如图 3.1 所示。

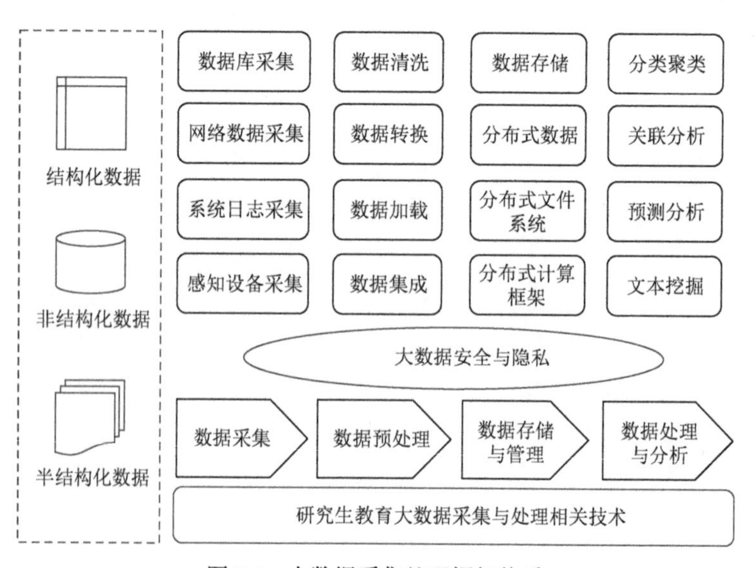

图 3.1　大数据采集处理框架体系

研究生教育大数据范围广泛、类型多样、来源分散，为保证数据的全面性、准确性和及时性，在数据采集时需要综合应用多种数据采集技术，对不同种类的数据分别进行采集。研究生教育大数据采集是指利用软件或技术、设备或装置，采集和获取有关研究生教育的结构化或非结构化数据。采集技术一般可分为数据库数据采集、网络数据采集、系统日志数据采集、感知设备数据采集四大类。

一、数据库数据采集

数据库是业务系统存储和管理数据的主要途径，存储了相关业务数据的集合。数据库的类型主要分为关系型数据库和非关系型数据库，关系型数据库是建立在关系模型基础上的数据库，非关系型数据库是非关系型、分布式、不保证遵循ACID[①]（数据库事务处理的四个基本要素）原则的数据库。

业务系统是当前研究生教育数据的重要载体，系统的目标和功能不同，包含的数据也各不相同。研究生教育相关业务系统的数据不仅有状态描述性数据，如学生规模、学籍信息、研究生奖助学金、学生毕业信息等，也有过程数据，如学生选课信息、成绩信息、参与学术活动和实践活动信息、师生互动信息等。

业务系统的数据既包括结构化数据，如学生信息、导师信息、学校信息等规范存储的信息，也包括非结构化数据，如学位论文、教学视频、教学材料、行为日志等文本、视频、日志数据。结构化数据是高度结构化、格式整齐的数据，是一种可以使用二维表格存储的数据。不仅人们更容易搜索和使用它，计算机也能够更加轻松地搜索它。典型的结构化数据包括学号、日期、金额、电话号码、地址、姓名、专业名称等。非结构化数据是结构不规则、难以格式化或通过统一格式组织、难以预定义数据模型、不适合运用二维形式表现的数据。非结构化数据本质上是结构化数据之外的一切数据。

常见的非结构化数据包括以下几类。

文本文件：文字文本、办公文档、电子表格、演示文稿、电子邮件。

电子邮件：电子邮件由于其元数据具有一些内部结构，我们有时将其称为半结构化。但是，消息字段是非结构化的，传统的分析工具无法解析它。

社交媒体：微博、微信、QQ、Facebook、Twitter、LinkedIn等平台的数据。

网站：互联网上的各类搜索网站、新闻网站、门户网站、业务网站等。

移动数据：短信、位置等。

通信：聊天、即时消息、电话录音、协作软件等。

---

① ACID中A为atomicity，原子性；C为consistency，一致性；I为isolation，隔离性；D为durability，持久性。

媒体：音频文件、视频文件、动画文件等。

卫星图像：天气数据、地形、建筑。

科学数据：科研实践中产生的大量复杂数据。

数字监控：监控照片和视频。

传感器数据：交通、天气、门禁系统。

非结构化数据的格式主要包括：文本、图片、文档、视频、音频、报表、XML（extensible markup language，可扩展标记语言）、HTML（hypertext markup language，超文本标记语言）等。目前非结构化数据的采集与处理仍然具有较大挑战，主要原因不仅在于非结构化数据数量多、分散度高，还在于难以从多样化的数据结构中提取出规范化的价值，难以满足用户对于价值发现的需求。

常见的数据库采集方式主要有数据接口、数据视图、数据拷贝等方式。数据接口是安全性和可靠性较高的数据采集方法，通过数据库访问和接口的开发对接，实现业务系统间数据的实时传输。但这种方式需要协调双方的系统开发方，约定接口实现的规范和方式，需要一定的开发费用和开发周期。若系统功能和数据情况较为复杂，则开发和对接的工作量都较大。

二、网络数据采集

网络数据采集是指通过网络爬虫、自动爬取脚本或网站公开 API（application programming interface，应用程序接口）等方式从网站上获取数据信息的过程。网络爬虫是按照一定的规则自动爬取网页信息的程序或者脚本，它能够访问 Web（网站）服务器上的某个页面或网络资源，获得其内容，解析出链接资源的超链接，并将这些超链接放入“待爬取队列”，然后按照一定的顺序爬取，获得更多页面的数据。随着互联网的快速发展和社交网络等新媒体的兴起，教育领域的信息发布和传播呈现出公开力度大、传播速度快、涉及范围广等特点。网络采集技术可以实时监控、采集研究生教育相关公共数据和网络舆情数据，Web 页面链接指向的网页，各种类型的文档、图片等都是爬虫可以获取的网络资源。网络数据采集已经成为获取多样化数据、满足个性化需求的重要方法。

根据系统结构和实现技术，网络爬虫大致可分为通用网络爬虫（general purpose Web crawler）、聚焦网络爬虫（focused Web crawler）、增量式网络爬虫（incremental Web crawler）、深层网络爬虫（deep Web crawler）。实际场景中常综合使用多种爬虫技术。常用的网页爬虫框架有 Apache Nutch、Crawler4j、Scrapy 等。

1. 通用网络爬虫实现过程

通用网络爬虫先要获取一个或多个初始网页的 URL（uniform resource locator，

统一资源定位符)，从初始网页 URL 上爬取信息，解析网页内容并存储到数据库中，发现新的 URL 地址，存放到待抓取 URL 队列中。

从待抓取 URL 队列中读取新的 URL，获取新的网页信息，解析网页内容，提取非结构化数据、半结构化数据并存储，从新网页的链接信息中得到新的 URL，放入待抓取 URL 队列中，重复上述爬取过程。

当达到设置的停止条件时，爬虫系统停止爬取。若没有设置停止条件，则爬虫系统会遍历整个网络，一直爬取，直到无法获取新的 URL 地址为止。

2. 聚焦网络爬虫实现过程

聚焦网络爬虫是要进行有目的的爬取，因此，与通用网络爬虫的不同之处在于，它需要增加对于目标的定义和过滤机制，通过算法分析网页情况过滤掉无关的 URL，或者设置条件选取下一步爬取的 URL。

（1）定义爬取目标。根据应用场景确定数据需求，定义聚焦网络爬虫爬取的目标和范围，并进行相关描述说明。

（2）获取初始网页 URL。从初始 URL 开始爬取页面上的信息，获得新的 URL 放入队列。

（3）从新的 URL 中过滤掉与爬取主题无关的链接，保留有用的链接。将已爬取的 URL 地址存放到列表中，从而实现去重和判断爬取进程。过滤后的链接也将放到 URL 队列中。

（4）根据搜索算法，确定 URL 队列中 URL 爬取的优先级，选择下一步需要爬取的 URL 地址。搜索策略通过设置爬取顺序将直接影响爬虫的执行效率。

（5）读取 URL，爬取网页内容，重复爬取过程，当满足停止条件或无新 URL 地址时，终止爬取采集。

三、系统日志数据采集

系统日志数据采集实时收集系统平台、应用程序、服务器、网络设备等生成的日志记录。研究生教育相关业务系统每天都会产生大量的日志信息，日志记录中存储了大量的用户操作记录以及系统运行信息。根据日志内容，系统日志分为操作日志、运行日志和安全日志。操作日志是指系统用户使用系统过程中的一系列的操作记录。运行日志用于记录网元设备或应用程序在运行过程中的状况和信息，包括异常的状态、动作、关键的事件等。安全日志用于记录在设备侧发生的安全事件，如登录、权限等。

对日志信息的采集和分析，一方面可以实时监控教育设备及资产的运行状况，如配置情况、故障信息、设备耗电量、安全威胁等，为智能运维提供数据支撑；

另一方面可以详细记录用户的操作行为，如系统登录次数、登录时间、增删查改等基本信息，用于教师、学生以及管理者的行为模式诊断。

目前常用的开源日志收集系统有 Flume、Facebook Scribe 等。

Flume 具有基于流式数据的简单灵活架构，可以高效地采集、聚合和传输文件、socket 数据包、kafka 等各种形式的源数据，又可以将采集到的数据下沉（sink）输出到 HDFS（Hadoop distributed file system，Hadoop 分布式文件系统）、hbase、hive、kafka 等众多外部存储系统中。Flume 的使用不仅限于日志的数据聚合。由于数据源是可定制的，Flume 可以用于传输大量的事件数据，包括但不限于网络流量数据、社交媒体的数据，还可以采集存储电子邮件消息和其他类型的数据。同时，Flume 具有良好的可靠性机制和恢复机制，容错能力很强。

Scribe 是 Facebook 开源的分布式日志采集系统，能够将从各种日志源上收集的日志，放到一个共享队列上，存储到后端的中央存储系统。Scribe 可实现日志的分布式收集和统一处理且具有可扩展性、高容错性。

四、感知设备数据采集

感知设备数据采集通过传感器、摄像头和其他智能终端自动采集信号、图片或录像来获取数据。智能感知系统需要实现对结构化、半结构化、非结构化的海量数据的智能化识别、定位、跟踪、接入、传输、信号转换、监控、初步处理和管理等。研究生培养单位利用微型传感器、RFID（radio frequency identification，射频识别）技术、摄像头、GPS（global positioning system，全球定位系统）等感知设备可以对校园环境状态、师生学习生活状况进行全方位感知。智能感知技术主要包括物联网感知技术、可穿戴设备技术和智能校园卡技术。其中，物联网感知技术主要用于采集设备状态数据，可穿戴设备技术主要用于采集个体生理数据与学习行为数据，智能校园卡技术则主要用于采集各种校园生活数据。

1. 物联网感知技术

物联网感知层的架构由射频识别技术和无线传感器网络（wireless sensor network，WSN）共同构成，射频识别技术的主要作用在于识别物体，实现对目标物体的标识，从而便于对物体进行有效管理。但是射频识别技术并不完美，利用该技术只能在有限的距离内进行物品信息读写，并且该技术的抗干扰能力较差，成本较高。无线传感器网络的作用重点在于组织网络，实现对数据的高效、可靠传输，虽然它不具备节点识别功能，但是其结构相对简单，成本较低，所以更容易实施部署。射频识别技术与无线传感器网络结合可优势互补，促进物联网的进一步发展。

高效、可靠地获取物品数据信息，需要以感知层为基础，全面优化射频识别技术网络的拓扑结构。感知层的大量数据主要来源于射频识别技术，目前，射频识别技术在商品生产、商品运输、公共交通、公共基础设施等领域的应用比较广泛。在商品生产方面，利用该技术可以完善生产链；在商品运输方面，利用该技术可以跟踪和追查商品的去向；在公共交通方面，利用该技术可以实时监控来往车辆；在公共基础设施方面，利用该技术可以确保公共设施安全，一旦损坏，就可以及时报警。

射频识别技术应用系统的建设成本一般比较高，因此，在建立该系统前就要有一个完美的规划。要明确建立该系统的基础目标，即建立射频识别技术读写器网络，而要建立这个网络需要从两个方面着手：一是网络拓扑结构设计，二是网络的合成和实现。在此过程中，还需要考虑多种因素，如网络的覆盖范围、抗干扰能力、电子标签的覆盖密度、设计成本等。要实现这些功能和目标势必会与网络成本预算产生冲突，而要避免这种冲突，一方面要解决搜索空间的问题，另一方面要解决非线性优化的问题。

2. 可穿戴设备技术

可穿戴设备是近年来迅速发展的多功能电子产品，主要兼具计算功能、连接手机及各类终端设备功能、监测预警功能，涉及的场景较为广泛，功能和性能均在不断提升。较为主流的产品主要包括以手腕为支撑的手环、手表类，以脚为支撑的鞋类，以头部为支撑的眼镜类，以及智能耳机、按摩器、服饰等多种形态。

可穿戴设备技术将传感器、无线通信、多媒体等技术融入人们的衣食住行中，支持手势和眼动操作等多种行为交互方式。近年来，智能眼镜、智能手表、智能手环等新产品不断出现，各类可穿戴设备正在逐步融入人们的日常生活与工作中。可穿戴设备技术为自然采集学习者的学习、生活和身体数据的获取提供了可能。通过佩戴相关设备可以实时记录学习者的运动状态、呼吸量、血压、运动量、睡眠质量等生理状态数据，以及学习者学习的时间、内容、地点、使用的设备等学习信息。除此之外，可穿戴设备技术还可以与虚拟仿真、增强现实技术相结合，优化内容呈现方式、丰富学习环境，对学习者的所见、所闻、所感进行全息记录。

3. 智能校园卡技术

智能校园卡是教育领域最常见的物联网设备，汇集了校园学习和生活各种场景的功能和信息，可以实时采集学生进出校园、出入宿舍、图书馆借阅、食堂超市消费等信息，将物理感知设备采集到的行为轨迹和生活习惯数据存储到服务器上，用于教育管理与监测。

第二节 研究生教育大数据主要采集技术

研究生教育大数据的内容多样、类型繁杂、数据量大、产生速度快，数据内容、数据来源和应用场景的差异性使得研究生教育大数据采集技术复杂多样，仅使用传统的数据采集技术难以获取全面的数据，需要根据采集环境和数据类型选择适当的大数据采集技术。根据研究生教育大数据的内容体系，对不同类型数据需采用的采集技术进行分类总结，有助于了解研究生教育领域常用的数据采集技术及具体应用场景。

数据内容体系中的各类数据主要运用的采集技术如下。

（1）教育输入数据主要采用数据库数据采集和网络数据采集技术进行采集，其中，师资状况相关数据可以通过网络数据采集技术进行采集。

（2）教育过程数据的采集需要综合运用数据库数据采集、网络数据采集、系统日志数据采集、感知设备数据采集技术进行采集。

（3）教育输出数据主要采用数据库数据采集和网络数据采集技术进行采集，其中，科学研究产出、社会服务产出相关数据可以通过网络数据采集技术进行采集。

（4）教育评价数据主要采用数据库数据采集技术进行采集。

研究生教育大数据的主要采集技术见表 3.1。

表 3.1 研究生教育大数据的主要采集技术

大类	一级类别	二级类别	数据采集技术
教育输入	生源状况	学生基本信息、招生录取、生源结构	数据库数据采集
	师资状况	导师基本信息、师资规模、师资结构、师资水平	网络数据采集
	办学资源与条件	平台与基地、设施及仪器、图书与期刊	数据库数据采集
	经费投入	教育经费、研究与试验发展经费	数据库数据采集
	体制机制保障	管理制度、学位授予标准	数据库数据采集
教育过程	课程与教学	培养方案、课程信息	数据库数据采集
		课程学习、课程考核	系统日志数据采集
	科研训练	学术训练、学术交流	网络数据采集
	实践创新	案例教学、实习实践	数据库数据采集
		竞赛活动、产学合作	网络数据采集
	论文答辩及考核	论文开题、中期考核、论文评阅、答辩	数据库数据采集
	国际交流	出国学习/访学	数据库数据采集
		国际合作研究、国际学术会议	网络数据采集

续表

大类	一级类别	二级类别	数据采集技术
教育过程	校园生活	生活习惯	感知设备数据采集
		上网行为	系统日志数据采集
		社交活动、网络言论	网络数据采集
教育输出	人才培养产出	学位论文、学位授予、毕业去向	数据库数据采集
	科学研究产出	科研项目、科研奖励、学术论文、学术专著、科研成果转化或应用、艺术创作与展演	网络数据采集
	社会服务产出	社会服务与贡献	网络数据采集
教育评价	政府评价	审核评估、合格评估、水平评估	数据库数据采集
	用人单位评价	用人单位调查	数据库数据采集
	研究生评价	在校生调查、毕业生调查	数据库数据采集
	第三方机构评价	第三方机构发布的大学/学科排名	网络数据采集

从表 3.1 可以看出，研究生教育大数据的大部分数据需要通过数据库数据采集技术从各类业务系统的数据库中采集获取，部分类别的数据需要采用网络数据采集、系统日志数据采集和感知设备数据采集技术进行采集。从类别上看，通过数据库数据采集技术采集的数据最多；从数据量上看，通过网络数据采集、系统日志数据采集、感知设备数据采集的数据量更大，且蕴含很高的数据价值；从数据类型上看，通过网络数据采集、系统日志数据采集、感知设备数据采集的数据多为非结构化数据，包括网页、日志、视频、音频、照片等。

一、研究生教育数据库数据采集

研究生教育相关基本状况数据、培养过程数据、管理与评价数据、资源与服务数据大多存储在各级研究生管理部门和培养单位的数据库中，各类业务系统是当前研究生教育数据的重要载体。这类数据可通过 API 调用的方式对接相关业务系统实现数据的采集和共享。在当前国家大力推进数据共享开放的背景下，政务信息系统整合共享取得显著成效，跨系统、跨部门的业务系统对接逐渐增多，通过数据接口等方式，动态更新相关数据，实现不同类型数据的对接整合。根据教育部 2021 年发布的《高等学校数字校园建设规范（试行）》，全国各高等学校在信息资源管理服务相关系统平台的建设中应具备应用接口和数据接口，支持多种方式的数据共享和数据服务，应提供适当的接口规范和服务接口，使基础数据能为获得授权的各类用户和应用提供优质服务。通过数据接口方式采集数据，也需要注意建立严格的数据安全和保密制度，严防数据的外泄和滥用。

二、研究生教育网络数据采集

在互联网高度发达的当下，各领域互联网信息丰富充足，与研究生教育相关的网络信息可划分为六大类：一是学校学科信息，学校官网一般会有对学校学科的介绍，此外，从相关新闻报道和学科相关评价及排名等也可以采集到学科信息；二是研究生导师信息，导师信息来源于学校师资队伍介绍、学术网址、百度百科、新闻媒体等多种渠道；三是科研成果信息，互联网上有多种类型的科研成果平台，收录了学术论文发表、专利授权、项目立项、科研获奖等成果；四是教育相关活动信息，包括学术报告、学术交流活动、学生竞赛活动等；五是教育评价信息，主要为国内外第三方机构发布的大学或学科的排名或评价信息；六是网络舆情信息，包括新闻、微博、微信、论坛等社交网站上的信息。

互联网数据的自动采集一般需要使用网络爬虫技术。互联网上研究生教育相关各类数据的内容和类型差异较大，各类数据的应用场景和价值作用也有很大差别。不同类型的网络爬虫技术可以满足不同类型数据的采集需求。从爬虫抓取的链接范围看，网络爬虫可以分为基于整个Web的爬虫和基于局部确定范围的爬虫。前者以下载整个互联网中的所有页面为目标，后者由用户指定某个确定的抓取范围。从爬虫抓取的页面内容看，网络爬虫可以分为无固定主题的爬虫和主题爬虫。前者直接将访问的页面内容存储下来，不对页面内容进行分析。后者需要事先设定好某个主题，对页面内容进行分析，只保持与主题相关的页面。研究生教育相关互联网数据与门户网站数据相比更为聚焦，多采用基于局部确定范围的爬虫和主题爬虫进行采集。

三、研究生教育系统日志数据采集

日志数据是反映研究生教育过程状况的重要数据。系统日志完整地记录了教育或学习应用平台中发生的所有事件，如学习者访问记录、师生互动情况、系统运行情况、运维工作记录等，可以有效地反映研究生的真实学习行为和情况。日志数据中包含丰富的动态行为信息，包括主机名、目标IP（Internet protocol，网际协议）地址、源IP地址、请求时间、请求方法、请求返回状态等有关发起请求的用户的部分信息。例如，从IP地址可以追溯请求的网络IP来源；从访问时刻可以对用户访问系统的时间分布进行分析；从HTTP（hypertext transfer protocol，超文本传送协议）请求、路径、状态码和长度可以对某些常用特定的网站功能的访问情况进行分析。日志数据可使用服务器采集并存储数据，将日志的属性和行为封装成一个类。用户每发起一次请求，则将相应信息填充到日志中，追加一条日志记录并存储在服务器中。

四、研究生教育感知设备数据采集

感知设备数据采集是通过传感器采集个体在物理空间内的学习和生活状态。以高校最常用的一卡通为例，校园一卡通技术将智能卡物联网技术应用于校园日常管理中，开展统一身份认证、人事、学工信息管理等。该技术能够统一采集并记录学习者的金融消费、图书借阅和考勤等校园生活信息，是构建“数字化校园”和“智慧校园”的重要组成部分。例如，华东师范大学率先利用学生的一卡通餐饮消费数据，为经济困难的学生提供情感抚慰和助学金支持，这体现了基于物联感知数据的人性化关怀。

第三节 研究生教育大数据主要清洗技术

研究生教育大数据有多种数据来源和载体，数据规模巨大、数据类型多样、信息价值丰富，容易产生噪声数据、数据值缺失、数据错误、数据冲突、数据冗余等问题。因此，数据采集后先要对采集的大数据进行清洗，从而保证大数据分析与预测结果的准确性和客观性。数据清洗是发现并解决采集数据中存在的问题，并将不符合要求的数据格式转换为规定的格式，使数据满足质量要求或应用需求的过程，主要包括处理不符合要求的缺失数据、错误数据和重复数据等，规范数据格式，提高数据质量，保证数据的完整性、准确性、规范性、有效性。

一、数据清洗转换

1. 数据清洗流程

所有采集的数据须进行数据清洗才能使用，数据清洗的流程大致分为五个阶段。

1）准备阶段

该阶段是通过数据的梳理掌握数据的总体情况，并根据数据情况对整个数据清洗工作进行规划设计的阶段。该阶段的主要工作包括确定数据清洗范围、调研数据基本情况、确定数据标准、明确数据检测方法、准备数据检测和清洗工具，从而形成完整可行的数据清洗方案。

2）检测阶段

根据数据清洗方案，通过一系列的检查规则发现可能存在的非清洁数据。

一是对数据的完整性进行检查。一方面，要根据业务需要，检查数据项的完整性，如教育成果信息中成果名称、完成人姓名、完成人单位、获批时间、成果编号等都属于关键数据，若有缺失，则需补充采集。另一方面，还要检查数据量的完整性，如通过统计各年度的数据量，与公布的数据量进行对比，核查是否存在数据不全、新数据未及时采集等情况。

二是对数据的逻辑性进行检查。主要是依据数据的标准规范，对数据的合理性进行检查，包括对空格、大小写、中英文、数字、特殊符号及其他数据验证规则的检查，如人员姓名中不应有数字、邮箱格式应包含@、身份证信息有相应的校验规则等。

三是对数据的重复性进行检查。根据各类指标重复性字段检查规则（如图书ISBN号、论文DOI等）对填报数据进行重复性检查，并提供疑似重复等高度相似（如核心字段文本相似程度大于90%）的数据检查功能。

四是对数据的规范性进行检查。不同来源、不同年份的数据可能存在数据标准不一的情况，需要对字段进行规范和统一，如获奖等级为1、第一、第1等，都应按照统一标准进行规范。

3）整理阶段

对检测到的各类数据问题进行梳理和总结，形成非清洁数据清单，确定数据处理方法，研判问题数据处理所需时间，制定非清洁数据处理方案和计划，为数据清洗提供指导和依据。

4）修正阶段

依据处理方案和计划，逐项或批量对涉及的非清洁数据进行处理，包括补采缺失数据、修改不规范数据、删除重复数据及异常数据等。

5）验证阶段

对照数据清洗方案检查最终数据与数据标准规范的符合性，对照非清洁数据处理方案检验数据修订的准确性，保证所有数据完成数据清洗且质量满足要求。

2. 数据ETL

构建研究生教育相关数据的数据库的重要环节之一是ETL，即将数据抽取（extract）、转换（transform）、加载（load）到数据仓库或数据集市等目的端。数据库一般分为ODS（operational data store，操作型数据存储）层、DW（data warehouse，数据仓库）层和DM（data market，数据集市）层三个层次，从细粒度原始数据，到细粒度数据集合，再到主题数据集。ETL过程可以将数据从数据源抽取、转换、加载整合成面向主题的数据集。

数据抽取是指从一个或多个数据源抽取数据到 ODS 层中，数据源的类型包括关系型数据库、文本文件、API 等。

数据转换是通过清洗、加工、换算、整理等把数据转换为业务所需要的形式，便于数据进一步分析和使用。

数据加载是将转换后的结果按照一定的格式写入目标表或数据库中，通过利用数据中转区可以有效保证数据的安全性。

ETL 一般可以通过 ETL 工具、SQL（structure query langnage，结构查询语言）方式、ETL 工具和 SQL 方式相结合的三种方式实现。目前现有的 ETL 工具已经非常成熟，可以便捷快速地实现数据的抽取、转换和加载。其中，数据的问题情况，如数据为空、取值范围异常、取值类型异常、数据重复等都可以通过 ETL 工具的功能检查和处理，实现数据的规范化转换。

二、数据问题类型

数据的质量状况一般可以从准确性、完整性、一致性、完备性、有效性、时效性、可获取性等方面综合判断。

准确性（accuracy）：数据是否准确体现在现实或可证实的来源中。

完整性（integrity）：数据之间的参照完整性是否存在或一致。

一致性（consistency）：数据是否被一致地定义或理解。

完备性（completeness）：所有需要的数据是否都存在。

有效性（validity）：数据是否在企业定义的可接受的范围之内。

时效性（timeliness）：数据在需要的时间是否有效。

可获取性（accessibility）：数据是否易于获取、易于理解和易于使用。

研究生教育相关数据的问题类型主要包括噪声数据、缺失数据、错误数据、冗余数据和不规范数据等。

1. 噪声数据

噪声是存在错误或异常的数据。研究生教育大数据中除了蕴含丰富的信息外，还混杂着大量的噪声数据，这些噪声数据会干扰数据分析的质量。例如，对互联网数据进行采集和信息抽取时，特定主题检索的结果往往包含一些无关的词条，错误的信息抽取结果会影响抽取精度。

2. 缺失数据

缺失数据是指采集的数据中某个或某些属性的值是空缺的，可能原始数据源就缺乏相应信息，也可能在采集过程中存在信息丢失。例如，采集的科研项目数据缺少项目编号、立项年度等，通常需要检查数据的完整性。

3. 错误数据

大数据中的数据并不都是正确的，常常不可避免地存在着不完整、不一致、不精确的数据。例如，与常识不符的数据、年龄超过 130 岁、入学年月与毕业年月相同等。

4. 冗余数据

大数据存在着大量的冗余信息，相同或类似的信息通常会在不同信息源中重复出现，对数据的统计分析造成一定影响。

5. 不规范数据

不规范是指数据值超出范围或数据格式非法等。多源异构数据由于缺乏统一的数据标准，可能存在同类信息在不同业务系统和来源中命名各异的情况。例如，学校的名称有全称、简称、中文名称、英文名称等，时间和日期有多种格式等。需要将来源不同、格式不一的数据按照既定的规则进行标准化、规范化，从而更好地用于后续的处理和分析。

针对主要的问题数据类型，研究生教育大数据的数据清洗技术包括通过人工检查和利用统计模型识别和处理噪声数据、补充缺失数据、修正错误数据、去除冗余数据、检测不规范数据等。

三、噪声数据处理

常见的噪声数据处理方法包括分箱、聚类、回归。处理问题数据时需要将统计模型与人工检查相结合，根据业务实际需求和数据情况确定噪声数据处理方法。

1. 分箱

分箱方法是指通过对数据周围的邻近点进行分析，采用数据平滑方法对数据值进行平滑。将有序数值进行排序并按照一定规则分到箱子中去，常见的分箱方法包括等高分箱、等宽分箱等。等高分箱，也称等深分箱，是指每个箱子的高度相同，即样本个数相同。等宽分箱是指每个箱子的取值间距相同，箱子中数据的区间范围相同。分箱的数据平滑方法主要包括平均值平滑、边界值平滑和中值平滑等。平均值平滑是利用均值替换箱子的所有数值；边界值平滑是用距离较小的最大值或最小值替换箱子的数值；中值平滑是利用中值替换箱子的所有数值。

2. 聚类

通过 K-means（K 均值）等聚类方法检测离群点。聚类将类似的值组织成群或簇，落在簇之外的值为离群的孤立点，这些孤立点则可视为噪声，以同离群点的处理方式进行处理。

K-means 聚类方法将观测值聚为 k 类，但在聚类过程中需要保证分箱的有序性：第一个分箱中所有观测值都要小于第二个分箱中的观测值，第二个分箱中所有观测值都要小于第三个分箱中的观测值等。

3. 回归

回归方法通过使用函数拟合多属性数据从而平滑数据。回归方法一般具有预测功能，可以使用多个自变量预测因变量。常用的回归方法包括二元线性回归和多元线性回归。二元线性回归涉及的自变量有两个，通过找出拟合两个属性（或变量）的最佳直线，使得一个属性可以用来预测另一个。多元线性回归是线性回归的扩充，涉及的自变量多于两个，并且可以将多元数据拟合到一个多维曲面。

四、缺失数据处理

缺失数据处理的常用方法是尝试从其他渠道取数补全、使用最可能的值填充缺失值或直接删除价值不大的数据。

1. 寻找相关数据源

大数据中蕴含着很多关联关系，可以寻找相近的数据源，提取相关的数据进行填充。例如，多种网络平台上都可以查询研究生导师相关信息，可以通过采集整合，实现数据的补充完善。

2. 计算填充

通过计算填充缺失值的方法主要是结合相关信息进行数据推算，使用同类别、同属性、最接近的数据进行填充。

1）KNN 填充法

根据欧式距离或相关分析来确定距离具有缺失数据个案最近的 K 个个案，将这 K 个值加权平均来估计出待填充的数据。

KNN（k-nearest neighbor，k 最近邻）是一种建模预测的方法，将缺失的属性作为预测目标来预测。这种方法效果较好，但是该方法有个根本的缺陷。

如果其他属性和缺失属性无关，则预测的结果毫无意义。但是如果预测结果相当准确，则说明这个缺失属性是没必要考虑纳入数据集中的。

根据数据类型，若缺失值为离散型数据，则使用分类器，选择邻近数据中最多的类别进行填充；若为连续型数据，则使用回归器，计算邻近数据的均值进行填充。

2）多重插补法

多重插补法是指利用贝叶斯估计等算法，根据观测数据值，推算出最可能的数值，结合不同的噪声，组合形成多组可选的填补值。根据某种选择依据，选取最合适的填补值。

3）随机森林填充法

随机森林填充法先对缺失值进行预设处理，然后根据其在随机森林中的表现评估不同预设情况下预测值与原缺失特征的相似度，多次迭代得到稳定的估计值。

3. 删除

缺失部分在整体样本中占比较低，且该部分数据对于统计分析的价值不大时，可直接删除。

五、错误数据处理

错误数据一般可以通过设定特定规则编写代码进行查找，或者采用概率统计方法发现异常数据，再根据经验进行人工处理和修正。

1. 统计分析

通过描述性统计，选取最大最小阈值判断数据是否符合常识。

2. 模型检测

根据正常状态建立数据模型，与模型不拟合的数据为异常值。设定判定规则，通过计算机程序判断，不在规则范围内的，则被判为无效或被剔除。

3. 3σ 原则

3σ 原则是指在数据服从正态分布的条件下，与平均值偏差超过三倍标准差的值为异常值。根据正态分布情况，数据应呈现出中间高两边低、左右对称的分布，数据落在三倍标准差（$\mu \pm 3\sigma$）以外的概率仅为0.27%，发生的概率很小，因此可以作为异常值处理。

4. 箱线图

箱线图是通过数据集的四分位数形成的图形化描述，是非常简单而且有效的一种检测可视化离群点的方法，见图3.2。

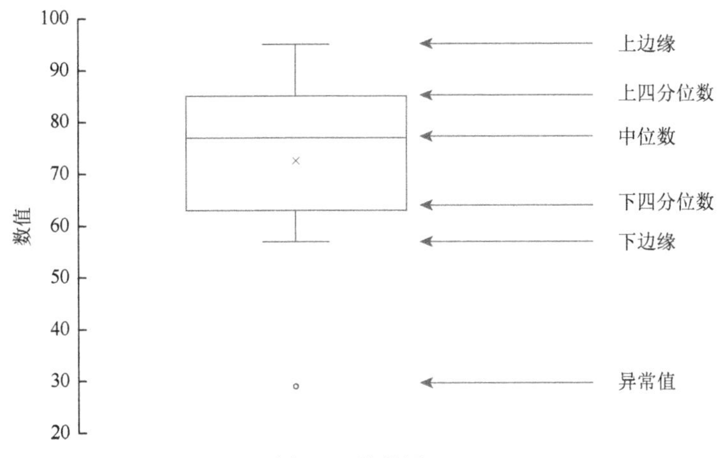

图3.2　箱线图

上下边缘为数据分布的边界，只要是高于上边缘，或者是低于下边缘的数据点都可以被认为是离群点或异常值。

下四分位数：25%分位点对应的值（Q_1）。

中位数：50%分位点对应的值（Q_2）。

上四分位数：75%分位点对应的值（Q_3）。

上边缘：$Q_3 + 1.5$（$Q_3 - Q_1$）。

下边缘：$Q_1 - 1.5$（$Q_3 - Q_1$）。

其中，$Q_3 - Q_1$表示四分位差。

六、冗余数据处理

对于冗余数据要注意进行甄别、删除或者保留。在部分场景下，完全重复的数据应该被删除，例如，学校的教师信息中有的教师重复存了两次；有的场景下，看似重复的数据却代表了不同的信息，如相同名称的论文或项目等。冗余数据不仅包括重复出现的数据，也包括与主题无关的数据。重复的数据采用重复过滤的方法进行处理，无关的数据则采用条件过滤的方法进行处理。

1. 重复过滤

在已知重复数据内容的基础上，从每一个重复数据中取出一条记录保留下来，删去其他的重复数据。重复过滤 = 识别重复数据 + 过滤操作。过滤操作可以根据操作的复杂度分为直接过滤和间接过滤。

直接过滤：对于重复数据直接进行过滤操作，选择任意一条记录保留下来并过滤掉其他的重复数据。

间接过滤：对重复数据先进行一定的处理，形成一条新记录后再进行过滤操作。

2. 条件过滤

条件过滤是指根据一个或多个条件对数据进行过滤。对一个或多个属性设置条件，将符合条件的记录放入结果集，将不符合条件的数据过滤掉。实际上，重复过滤就是一种条件过滤。

七、不规范数据处理

对于不规范数据要对数据进行转换或归并，如将一个属性取值投射到一个特定范围和格式之内，以消除因标准、规范、范围不一而造成的差异，包括 min-max 标准化、Z-score 标准化等方法。

1. min-max 标准化

min-max 也叫离差标准化，是对原始数据进行线性变换，使结果落到[0, 1]区间，用公式表示如下。

对序列 $x_1, x_2, \cdots, x_n$ 进行变换：

$$y_i = \frac{x_i - \min\limits_{1 \leqslant j \leqslant n}\{x_j\}}{\max\limits_{1 \leqslant j \leqslant n}\{x_j\} - \min\limits_{1 \leqslant j \leqslant n}\{x_j\}}$$

则新序列 $y_1, y_2, \cdots, y_n \in [0,1]$ 且无量纲。一般的数据需要时都可以考虑先进行规范化处理。

（1）其中，max 为样本数据的最大值，min 为样本数据的最小值。

（2）这种方法有一个缺陷就是当有新数据加入时，可能导致 max 和 min 变化，需要重新定义。

2. Z-score 标准化

最常见的标准化方法就是 Z-score，是 SPSS（statistical package for the social sciences，社会科学统计软件包）中最为常用的标准化方法，也叫标准差标准化。

Z-score 的优点是算法简单，不受数据量级的影响，结果易于比较。缺点在于，它需要数据整体的平均值和方差，而且结果没有实际意义，只是用于比较。

步骤如下。

（1）求出各变量（指标）的算术平均值（数学期望）x_i和标准差 s_i。

（2）进行标准化处理。

$$z_{ij} = (x_{ij} - x_i)/s_i$$

其中，z_{ij}为标准化后的变量值；x_{ij}为实际变量值。

（3）将逆指标前的正负号对调。标准化后的变量值围绕零上下波动，大于零说明高于平均水平，小于零说明低于平均水平。

第四节　研究生教育网络数据采集技术应用

一、研究生导师相关数据采集

1. 研究生导师相关数据类型

大型学术数据库、学术搜索引擎与学术社交媒体平台等积累了海量的研究生导师相关成果、行为等数据。研究生导师数据包含导师基本信息、科研成果数据、科研社交数据等，三类数据的数据源见表 3.2。

表 3.2　研究生导师数据的数据源

数据类型	数据源	采集方法
导师基本信息	学者个人主页、百度百科、AMiner 平台等	网络爬虫、人工采集
科研成果数据	知网、万方、维普、Web of Science（科学网）、DBLP、智立方、谷歌学术、在线专利数据库等	数据库导出、网络爬虫
科研社交数据	ResearchGate、Academia、学者网等	网络爬虫

注：DBLP 为 Digital Bibliography & Library Project，数字书目索引与图书馆项目

导师基本信息包括姓名、单位机构、职称、教育背景等，主要来源于学者个人主页、百度百科与 AMiner 平台等在线网站与学术搜索引擎。个人数据来源广泛、结构不一，具有较大的采集难度。导师基本信息获取的主要方法包含两大类：一类是采用规则的方法从搜索引擎返回的结果或学者个人主页中抽取姓名、机构、地址等信息；另一类为采用机器学习算法、如 CRF（conditional random field，条件随机场）、LSTM（long short term memory，长短期记忆网络）序列标注模型，对采集的主页内容进行实体识别。然而，现有的基于机器学习算法的学者个人主

页自动识别技术无法达到很高的识别率，仍有部分专家学者没有学者个人主页或者无法通过搜索引擎找到其学者个人主页①。

科研成果数据是构造学者画像的重要数据来源，主要包括学术论文、专著、科研项目和专利等数据。科研成果数据主要存在于各大学术数据库中，中文数据来源于国内的三大电子文献数据库——知网、万方和维普，外文数据来源于 Wos 等学术数据库，这些数据库一般会提供一些常见格式的题录数据导出服务。目前互联网上有许多数字图书馆以及学术搜索引擎，如 DBLP、CiteSeerx、Google scholar 等也可作为科研成果数据的来源。此外还有存储国家自然科学基金项目和国家社会科学基金项目等项目信息的相关数据库，保存专利数据的中国专利数据库等。

科研社交数据是科研人员在使用一些学术社交网站时产生的浏览、关注、点赞、互动评论等数据。学术社交网站是指通过互联网帮助科研工作者进行与学术研究相关的沟通交流的网站平台，与一般的社交网站不同，学术社交网站以学术交流和学术合作为目的。目前国外比较著名的学术社交平台有 ResearchGate、Academia 等，国内有学者网、小木虫等。此外，学术成果中的合著关系也可作为科研社交数据的重要补充①。

2. 研究生导师相关数据采集方法

研究生导师的科研成果数据可以有效反映研究生导师的科研能力和水平。海量的科研成果数据散落在互联网上，如谷歌学术、百度百科、DBLP 和 Wos、智立方等网站收录了大量的科研人员信息、论文发表和项目资助信息。为了采集到全面、准确的科研成果数据，需要部署分布式爬虫，分别爬取 DBLP 的论文数据、智立方的论文和项目资助数据，以及百度百科中的词条等多源数据。

DBLP 是关于计算机领域的英文文献数据库系统，按照论文发表年份列出了计算机类国际期刊和会议的公开发表论文信息。该系统更新文献较为及时、收录的论文质量较高，适合作为公开数据采集的数据源。智立方是收集整合了期刊、论文、专利等类型文献的大数据知识服务平台，提供文献的检索、分析和挖掘等信息服务。DBLP 和智立方的数据项包括作者姓名、论文题目、发表年份等，如表 3.3 所示。

表 3.3 DBLP 和智立方的数据项

数据源	数据项
智立方	智立方主页地址、作者姓名、供职机构、作品数、被引量、H 指数、研究主题、研究领域、论文题目、发表年份、论文类型（期刊/会议）、摘要、关键词、基金项目
DBLP	作者姓名、论文编号、论文题目、发表年份、发表机构、会议名称

① 王世奇，刘智锋，王继民. 学者画像研究综述[J]. 图书情报工作，2022，66（20）：73-81.

研究生导师相关数据的采集可以采用 Scrapy 框架从智立方、DBLP、百度百科等爬取数据。Scrapy 是 Python 开发的一个快速、高层次的网络数据爬取应用框架，可以从网站页面中提取结构化数据，其功能较为强大、扩展性极强。Scrapy 基于 Twisted 网络引擎，支持常见的各种传输协议，可以灵活满足多种场景的数据爬取需求。

数据清洗可利用 SQL 语句和 Python 代码来保证数据的完整性、唯一性、合法性和一致性。例如，人员属性里缺少年龄的数据，可以通过出生日期来推算；爬取的部分高校信息缺少高校代码等信息，可以手动查询添加；英文姓名大小写不一致问题，可以通过代码修改①。

二、研究生教育公开数据采集

互联网拥有丰富的学校信息、研究生导师信息、科研成果信息、教育活动信息和评价排名信息等大数据，这些数据的持续采集对于研究生教育的常态监测、学校及学科状况分析具有至关重要的作用，为研究生教育智能管理、研究生教育评价改革提供了新路径。

为实现数据采集从传统人工采集或依靠行政命令报送向自动采集的转变，需要运用网络数据采集技术，建立数据自动采集模型，建设研究生教育数据资源库，为各类教育管理和教育研究提供数据资源。以采集互联网上公开的研究生教育相关统计数据和奖项名单为例，对网络数据采集在研究生教育数据资源库建设中的应用进行介绍。

1. 采集方法

研究生教育相关互联网公开数据包括教育统计数据、各类奖项名单等。由于各类奖项数据包括教师、团队、学生、项目等多种类型的数据，涉及的数据来源网址较多，因此采用 Scrapy 框架进行数据爬取。

Scrapy 是基于 Python 语言实现从 Web 站点页面中抓取结构化或半结构化数据的快速、高层次、开源爬虫框架，可以以快速、简单、可扩展的方式从网站中提取所需的数据。目前 Scrapy 的用途十分广泛，可用于数据挖掘、监测和自动化测试等领域，也可以应用在获取 API 返回的数据或者通用的网络爬虫中。

2. 数据来源

研究生教育相关公开平台大致可分为固定网站和临时网站两种。

① 袁莎，唐杰，顾晓韬. 开放互联网中的学者画像技术综述[J]. 计算机研究与发展，2018，55（9）：1903-1919.

1）固定网站

固定网站有相对稳定的网址，存储了相关数据集和数据统计指标，按照年份或项目等各种条件直接在该网站上更新相关数据，此类网站包括国家社会科学基金、国家自然科学基金等数据。

此类网站的数据更新需采用断点续爬机制，保证每次爬取时不录入重复数据。

2）临时网站

临时网站是指数据来源于某个网站的通知信息，如高等学校科学研究优秀成果奖的获奖名单是来自教育部官网的临时通知。

根据通知信息的特征，可将网站分为两类：一类是通知名称有明确规则，另一类是通知名称没有明确规则。对于有明确规则的通知，可针对通知的规则进行监控，检测到符合规则的通知后爬取相应数据，在人工确认数据准确性后进行数据入库。对于没有明确规则的数据，只能人工监测通知信息，待发布后更新网址，再数据采集。

3. 运行环境

研究生教育相关数据的采集将占用大量服务器资源，且需要保持长时间与外界网络进行数据交换，因此，数据采集模型及工具应建立在一套独立于其余应用的单独的服务器上，服务器的一般要求如表 3.4 所示。

表 3.4 服务器的一般要求

环境	机型	PC Server
硬件环境	CPU	Intel（R）Xeon（R）CPU E5-2 640 v4 @ 2.40GHz
	内存	16G
	硬盘空间	500G
	网络	1000M 局域网
软件环境	操作系统	CentOS7.0
	Python	Python3.6.x
	爬虫框架	Scrapy1.5.0
	数据库插件	cx-Oracle5.3

4. 爬虫脚本设计

为保证爬虫脚本开发的规范性，需要按照资源类型制定规范的命名规则。

1）爬虫脚本命名规则

以采集数据所属的一级类别缩写 + 数据项名称缩写对每类数据的爬虫脚本命名。数据所属的一级类别缩写如表 3.5 所示。

表 3.5　数据所属的一级类别缩写

一级类别	缩写
师资状况	sz
生源状况	sy
培养过程	pygc
科学研究产出	kycc
科研项目	kyjy
教育国际化	jygjh
办学资源与条件	bxzy

2）数据表命名规则

网站的数据常有两种呈现方式，一种是直接在页面上显示，另一种是在页面上通过附件文件的方式展示。两种呈现方式需要设计两类爬虫数据表。

页面数据表的命名规则为 XJ_PC_爬虫名。该数据表存储网页上直接显示的数据。

文件数据表的命名规则为 XJ_PC_爬虫名_F。以“_F”表示数据来自附件文件，文件数据的入库方式为列式储存。

文件数据表应包含的字段如表 3.6 所示。

表 3.6　文件数据表字段说明

字段名	字段类型	字段说明
PCNAME	VARCHAR2	爬虫名
FILENAME	VARCHAR2	附件名
FILEPATH	VARCHAR2	附件地址
CODES	VARCHAR2	字段名
VALUSE	VARCHAR2	值
ROWSS	VARCHAR2	行号
CLOUMS	VARCHAR2	列号
FILETYPE	VARCHAR2	附件类型：word、excel、pdf
CREATETIME	VARCHAR2	插入时间
PAGES	VARCHAR2	插入页数

3）爬虫脚本执行

爬虫脚本的执行采用后台手工调用的方式，具体命令如图 3.3 所示。

```
[root@18h79 xjxwzxpc]# ls
files_init_.py items.py logs middlewares.py pipelines.py _pycache_ requests
settings.py spiders
[root@18h79 xjxwzxpc]# scrapy ceawl paname
```

图 3.3 爬虫脚本执行命令

4）数据入库

对于网页直接展现的页面数据，在数据爬取时将网页上的数据直接获取到数据库临时表内，在进行数据确认后，再将数据加工至正式表中。

对于网页中包含的附件文件数据，在数据爬取时将数据文件存放在服务器中，先进行附件的拆分和迁移，按照数据模板将附件内的数据规范化，然后执行入库 Python 脚本，支持的附件类型包括 pdf、excel、word，各类附件文件入库执行脚本如图 3.4 所示。

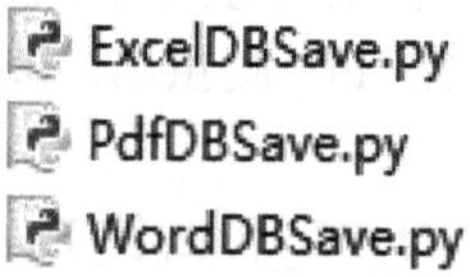

ExcelDBSave.py
PdfDBSave.py
WordDBSave.py

图 3.4 入库执行脚本

三、研究生教育舆情数据采集

研究生教育一直是社会关注的热点话题，快速准确地判断舆情和网络情绪走向，可为研究生教育管理提供有力帮助。在各类互联网社交媒体中，微博的信息传播速度快、传播范围广，容易引起公众的关注，因此微博数据的监测分析是大数据采集技术的研究重点。

1. 采集方法

微博的信息容易被大量转发，如果直接针对关键字进行检索，会有大量的重复信息，因此需要有针对性地对一些信息源头账号进行聚焦爬取，减轻数据处理压力和资源消耗。在先期进行账号内容分析的基础上，选取活跃度高、内容质量较好，且转发和评论较多的微博账号进行聚焦爬取，通过关键字匹配对内容进行初步过滤。微博爬取代码结构和爬虫文件如图 3.5 所示。

其中，spider.py 是爬虫文件，weibo.py 是新浪微博的接口文件，user.py 是存储爬虫用户的 cookie，user_id_list.txt 存储目标微博的 id（identify，识别），抓取内容支持以 cvs（comma-separeted values，逗号分隔值）、txt 或者 MySQL 数据的形式存储。

图 3.5　微博爬取代码结构和爬虫文件

2. 采集流程

运行 python3 -m weibo_spider --output_dir = "E：\weiboSpider\rv" 命令启动爬虫，抓取文本、图片、视频等内容，爬取结果写入 txt 文件、csv 文件，通过 output_dir 参数把文件保存到 E:\weiboSpider\rv 目录。

爬取结果 txt 文件中的数据情况如图 3.6 所示。

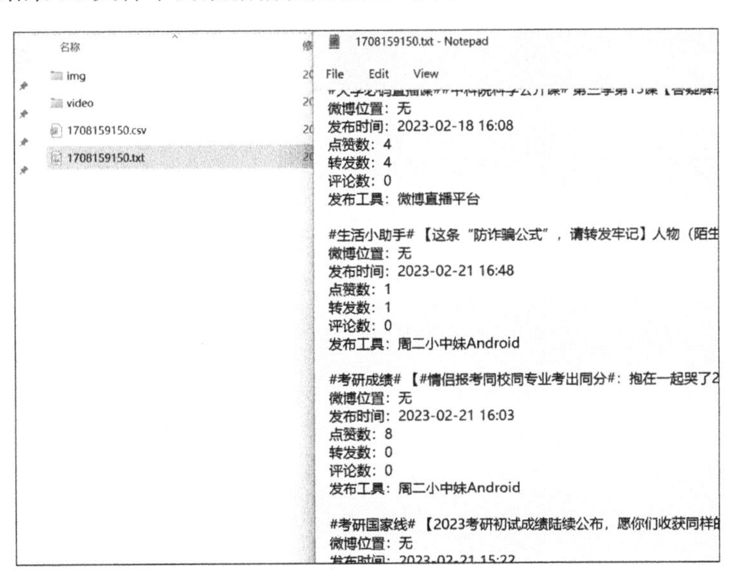

图 3.6　爬取结果 txt 文件中的数据情况

爬取结果 csv 格式数据经过初步数据清洗后，数据情况如图 3.7 所示。

	A	B	C	D	E	F	G	H	I	J	K
1	微博id	微博正文	头条文章url	原始图片u	微博视频u	发布位置	发布时间	发布工具	点赞数	转发数	评论数
2	MtHYnBDhk	#大学必码直播课# 【以平实之心，		无	https://1:	无	2023/2/19 10:33	微博直播平	8	7	0
3	MtAKdkTWt	#大学必码直播课##中科院科学公开		无	https://1:	无	2023/2/18 16:08	微博直播平	4	4	0
4	Mu3hZmiux	#生活小助手# 【这条“防诈骗公式		http://ww	无	无	2023/2/21 16:48	周二小中妹	1	1	0
5	Mu2ZXdQaM	#考研成绩# 【#情侣报考同校同专		无	https://f.	无	2023/2/21 16:03	周二小中妹	8	0	0
6	Mu2IMuUEn	#考研国家线# 【2023考研初试成绩		无	https://f.	无	2023/2/21 15:22	周二小中妹	6	0	0
7	Mu2A0dgTP	#在线下午茶# 是谁还在怀念假期?		https://w	无	无	2023/2/21 15:00	周二小中妹	1	0	0
8	Mu2yMymoZ	#考研国家线##会计专硕# 【单科线		https://w	无	无	2023/2/21 14:57	周二小中妹	2	0	0
9	Mu2q6rPlm	#考研国家线##考研成绩# 考研成绩		无	无	无	2023/2/21 14:36	周二小中妹	87	0	0
10	Mu2iJ771B	#考研国家线##会计专硕# 被我点到		https://w	无	无	2023/2/21 14:18	周二小中妹	1785	34	285
11	Mu1Z23cZE	#学习便利贴# 考研成绩已经公布,		http://ww	无	无	2023/2/21 13:29	周二小中妹	2	5	0
12	Mu1Qdoy7S	#今日最大学##西大影像力# 今天小		http://ww	无	无	2023/2/21 13:07	周二小中妹	0	0	0
13	Mu1Il2fqb	#聊聊读书那些事# 【#读书是为了		无	https://f.	无	2023/2/21 12:48	周二小中妹	1	0	1

图 3.7 csv 格式数据初步清洗结果

第四章　研究生教育大数据处理技术

基于大数据处理技术的质量管理与动态监测是实现对研究生教育质量过程进行监控和大幅度提升教育质量的重要手段，也是实现教育治理与服务所需要的关键技术手段。在传统的教育管理中，管理者通过数据填报、案例分析和管理经验实现教育管理目标，而随着大数据的发展，教育智能化管理的需求逐渐显现，其基础需要依托各种类型的数据，利用教育信息化、数字化系统，通过大数据分析、人工智能、云计算等技术，实现人、财、物更加高效地配置和管理，实现科学、智能、高效的管理、决策和服务。由此可见，各类数据在教育管理中至关重要，而海量数据的采集只是一个开始，想要真正能够为教学质量与管理决策提供更加精准有效的依据，必须依赖大数据的处理技术。因此，适用于研究生教育大数据的处理技术是实现教育智能管理与服务的关键。

本章聚焦于研究生教育大数据处理技术研究。首先总结大数据处理的主要技术，包括各类技术的相关概念、类别、性能评估方法等，其次对数据处理算法模型的基本情况、流程、优缺点等进行梳理，最后对数据处理技术在研究生教育领域的应用进行介绍，为研究生教育大数据的数据处理提供参考和启发。

第一节　大数据处理相关技术

一、大数据处理技术类型

大数据处理技术与传统的数据处理有所不同，其中最重要的方法就是通过数据的特征表示和运算，利用数据挖掘等方法，从海量数据中提取出我们需要的、可用的、有价值的信息。数据挖掘是大数据处理技术之一，是提取有用信息、发现知识的应用技术，已经深入融合到各行各业的应用场景中，带来了巨大的经济和社会效益。

大数据处理涉及众多学科领域，发展形成了多种多样的方法技术，可以从多种不同的角度来划分其类型。

按照处理对象不同，大数据处理可分为对多种数据来源和数据库的处理，如关系型数据库、文件数据库、视频数据库等。

按照处理方法不同，大数据处理可分为统计分析方法、机器学习方法、神经网络方法和数据库方法等。统计分析方法包括描述性分析、排序、组合、分组等；机器学习方法包括监督学习、无监督学习、半监督学习、强化学习等。神经网络方法包括前馈神经网络［反向传播（back propagation，BP）］、自组织神经网络等。数据库方法主要是多维数据分析方法等。

按照应用目的不同，大数据处理可分为分类、聚类、关联分析、时间序列预测等。本书接下来将按照此分类标准展开，论述数据处理方法技术的具体内容。

二、大数据处理的主要技术

（一）分类

1. 分类的定义

分类主要是通过学习已知类别的数据并获取其共同特点，作为模型的先验知识，进而应用到新输入的无类别新数据中，最终获得正确类别的过程。分类任务的数据由一组实例组成，每个这样的实例都以元组(x, y)为特征，其中，x是描述实例的属性值集合，可以包含任何类型的属性，表示为$(x_1, x_2, \cdots, x_m)$的形式，y是实例的类别标签，必须是可分类的。分类的目的就是发现$x_1, x_2, \cdots, x_m$和y之间的依赖关系，将依赖关系转化为分类模型或者分类器。分类器可以看作一个函数，输入是类别未知的样本属性集合，输出是根据属性特征划分形成的样本类别。

2. 分类器的种类

分类的方法多种多样，根据不同的规则可以进行多种划分。按照分类器的输出特性，可以将其分为二分类与多分类、确定性分类与概率性分类。

二分类器将每个数据分配给两种可能的标签中的一种，通常表示为＋1和–1；如果有两个以上的可用标签，则称为多分类器。确定性分类器对每个它分类的数据产生一个离散值标签，而概率性分类器分配一个在0到1之间的连续分数来表示特定标签的可能性，各个类别下的概率总和为1。概率性分类器包括朴素贝叶斯分类器、贝叶斯网络和logistic回归。

按照分类器的区分技术的不同可以将其划分为线性分类器与非线性分类器、全局分类器与局部分类器、生成分类器与判别分类器。

线性分类器用一个线性分离超平面来区分不同类别中的数据，其难以拟合复杂的数据，但不易受模型过拟合的影响；而非线性分类器能够构造更复杂的、非线性的决策表面。全局分类器用单个模型训练整个数据集，当数据的属性和类别标签之间的关系变化较大，且模型非线性化程度不高时，其结果会不尽如人意；局部分类器将输入空间划分为多个小区域，在不同的区域分别训练模型，KNN 分类器就是其中之一，它能够较好地适应输入数据的差异，具有更高的灵活性，但是更容易受到过拟合问题的影响。生成分类器在预测类别标签的过程中，学习每个类的数据属性及生成模型，生成分类器包括朴素贝叶斯分类器和贝叶斯网络等；判别分类器是在没有明确描述每个类别分布的情况下，直接预测类别标签的分类器，判别分类器主要包括决策树、基于规则的分类器、KNN 分类器、支持向量机（support vector machine，SVM）和人工神经网络（artificial neural network，ANN）等。

3. 分类器的构造

构造一个完整分类器的过程一般分为模型训练和模型测试两个步骤。

1）模型训练

模型训练就是基于已知类别数据的多种属性，建立属性与类别之间的映射关系，通过模型将映射关系表现出来，模型包含重要参数和模型架构。其中，用于构建模型的数据集称为训练集或训练样本。例如，银行根据客户的交易数据，即可得到交易行为与信贷风险的模型。

2）模型测试

模型测试就是根据上述训练好的模型，输入新数据的属性值集合，依次判定其类别。这些新数据就是测试集或测试样本。测试集和训练集应该是相互独立的，以确保训练好的模型能够较准确地判定从未遇到过的新数据，即具有较好的泛化能力。将测试集的分类结果与测试集实际的分析进行对比，若相同的比例高，则说明准确性高，若差异明显，则还需要调整算法或投入更多数据训练模型。

4. 分类器性能评估

在建模过程中，偏差过大导致的模型欠拟合以及方差过大导致的过拟合都会影响模型的性能，为了解决这两个问题，提高模型的泛化能力，需要对模型进行评估。模型评估的目标是选出泛化能力强的模型。泛化能力强的模型能很好地适用于未知的样本，且模型的错误率低、精度高。在分类任务中，我们希望最终能得到准确预测未知标签的样本、泛化能力强的模型。实际的任务往往需要进行大量的实验，经过反复调参、使用多种模型算法（甚至多模型融合策略）来处理问题，并观察哪种模型算法在什么样的参数下能够最好地完成任务。这就需要建立一整套模型评估方法及评价指标，通过对比不同模型得到的指标值，判断相对更准确的模型，选出在不同情景下泛化能力更强的模型。通过这些指标也可以逐步优化模型，以达到更好的效果。

1）评估方法

为实现模型评估，需要将数据按照一定比例划分为训练集和测试集。训练集和测试集的分布需要与真实样本一致，且子集间要互斥，不应存在交集。根据不同的训练集和测试集划分方式，评估方法可分为留出法、交叉验证法及自助法。

（1）留出（hold-out）法。留出法是最常见的评估方法之一，它将标记集合 D 随机划分为两个不相交的集合，即训练集 D. train 和测试集 D.test，其中，$D.\text{train} \cup D.\text{test} = D$，$D.\text{train} \cap D.\text{test} = \varnothing$。从 D.train 训练得到分类模型，并用其在 D.test 中的测试错误率 err_{test} 估计泛化错误率。留出法数据划分需要注意以下几点。一是随机划分可能会由于取数仅取到较为特殊的数据而出现误差，为避免出现这种情况，可采用分层抽样等方式，尽量保证所取数据的分布均衡性。二是单次划分不一定能得到合适的测试集，一般需要多次重复划分，获得测试错误率 err_{test} 的分布，这种方法称为随机子采样（random subsampling），通过此方法得到的错误率分布有助于理解 err_{test} 的方差，并可取其平均值。三是划分的测试集太大或者太小都不合适。如果 D.test 太大，则 D.train 的规模很小，使用数量不足的训练集可能学习到错误的分类模型，从而导致泛化性能的估计有偏差。如果 D.test 太小，那测试错误率 err_{test} 可能不可靠，因为其是基于少量测试数据计算得到的。目前常用的做法是选择 1/5～1/3 的数据当作测试集用于评估。

（2）交叉验证（cross validation）法。留出法的数据划分可能会带来偏差，因此能有效地利用 D 中所有的标记数据进行训练和测试的交叉验证法得到了广泛的应用，根据其数据划分的形式可以细分为k 折交叉验证（k-fold cross validation）、留 p 交叉验证（leave-p-out cross validation）和彻底交叉验证（exhaustive cross validation）。

k 折交叉验证一般指将标记数据 D（大小为 N）分割成 k 个相等大小的分区的方法。如图 4.1 所示，第 i 次运行中，D 的一个分区作为 $D.\text{test}(i)$ 用于测试，其余的分区作为 $D.\text{train}(i)$ 用于训练。使用 $D.\text{train}(i)$ 学习得到模型 $m(i)$，并在 $D.\text{test}(i)$ 上获得测试错误率 $\text{err}_{\text{test}}(i)$。该过程重复 k 次，总测试错误率 err_{test} 计算如下：

$$\text{err}_{\text{test}} = \frac{\sum_{i=1}^{k} \text{err}_{\text{test}}(i)}{k} \tag{4-1}$$

数据集中的每个实例恰好用于一次测试、$k-1$ 次训练。每次运行使用 $\frac{k-1}{k}$ 部分的数据进行训练，用 $\frac{1}{k}$ 部分的数据进行测试。

k 折交叉验证中 k 的正确选择取决于问题的若干特征，较小的 k 值使得每次运行时的训练集较小，得到的泛化错误率估计将比在整个标记集上训练的模型的泛化错误率预期更大，而较大的k值会导致每次运行时的训练集过大，降低了泛化错误率估计中的偏置。

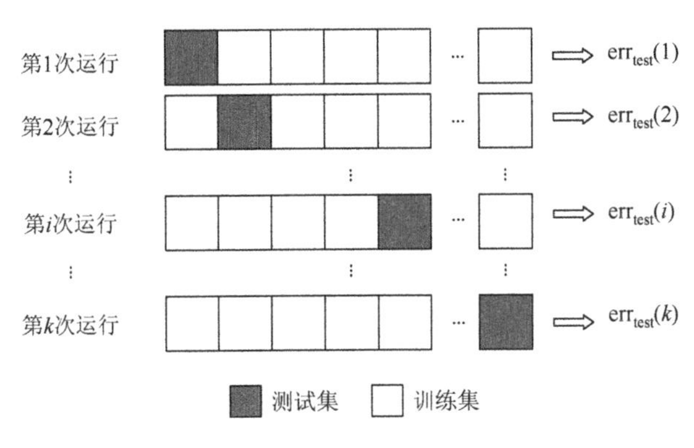

图 4.1　k 折交叉验证示意图

留 p 交叉验证是把标记数据D（大小为N）中的p个样本作为测试集（p个样本遍历N中的所有可能组合），剩下的$N-p$个样本作为训练集，最终会得到N个模型，将这N个模型最终的测试集的分类准确率的平均数作为此分类器的性能指标。它的计算量非常大，因为p个元素的选择方法有c_N^p个。当$p=1$的时候，叫留一（leave-one-out）法，这其实也是 k 折交叉验证中$k=N$的极端情况，此时它的复杂度恰好是N。这种方法的优点是尽可能多地利用训练数据，但是其在一些特殊情况下可能会产生十分具有误导性的结果。此外，对于大型数据集，留一法的计算成本是高昂的，因此，在实际中很少使用。

彻底交叉验证是遍历标记数据D的所有非空真子集n，把n作为训练集，$N-n$作为测试集，如果D中的数据条数是N，那么非空真子集的个数是2^N-2，这种方法的时间复杂度是指数级别的，特别是数据集N很大的情况下，这种方法几乎是不可能完成的任务。

（3）自助（bootstrap）法。部分场景下，数据量较少，很难通过已有的数据来估计数据的整体分布（因为数据量不足时，计算的统计量反映不了数据分布），可以使用自助法进行模型评估。

自助法是一种用小样本估计总体值的非参数方法，在进化和生态学研究中的应用十分广泛，它是一种有放回的抽样，不同于留出法和交叉验证法无放回的抽样方式。自助法通过有放回的抽样生成大量的伪样本，通过对伪样本进行计算，获得统计量的分布，从而估计数据的整体分布。

如图 4.2 所示，在做数据集划分时，以自主采样为基础，对包含N个数据的

标记数据 D，进行 N 次有放回的抽样，每次随机从 D 中挑选一个样本，将其拷贝后放回数据集 D 中，最终得到 N 个样本，组成数据集 D'。然后把抽到的 N 个样本作为训练集，其中会出现部分样本重复，同时有一部分样本一次也没被抽到，这部分作为测试集。

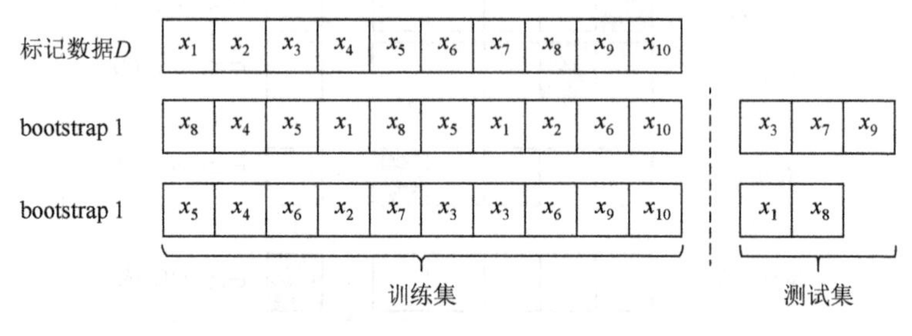

图 4.2 自助法示意图

在有放回的 N 次抽样中，每次每个样本被抽中的概率为 $\frac{1}{N}$，反过来，未被抽中的概率为 $1-\frac{1}{N}$，进行 N 次抽样后，这个样本不被抽中的概率为 $1-\frac{1}{N}$ 的 N 次方，如式（4-2）所示，当 N 的取值趋于无穷大时，样本未被抽中的概率为 e^{-1}，约等于 0.368，因此可以认为测试集的样本大概会是整体样本的 36.8%。

$$\lim_{N\to\infty}\left(1-\frac{1}{N}\right)^N \to \frac{1}{e} \approx 0.368 \tag{4-2}$$

自助法在数据集较小、难以有效划分训练集/测试集时很有用，而且其能从初始数据集中产生多个不同的训练集，这对集成学习等方法有很大的好处。但是，自助法产生的数据集改变了原始数据集的分布，这会引入一定的估计偏差。

2）评价指标

（1）混淆矩阵（confusion matrix）。混淆矩阵又名误差矩阵，是一种将真实的类别与分类模型预测的类别的情况显示在一个矩阵中，用于分类模型精度评价的表示方法，对于 n 分类问题，可以用 n 行 n 列的矩阵形式来表示，很多有效的评价指标都来源于对混淆矩阵结果的运算。二分类的混淆矩阵如图 4.3 所示。

真实情况	预测情况	
	正例	负例
正例	TP（真正例）	FN（假负例）
负例	FP（假正例）	TN（真负例）

图 4.3 二分类的混淆矩阵

图 4.3 中每一行代表了数据的真实类别，每一行的数据总数表示该类别的数据实例的数目。每一列代表了预测类别，每一列的总数表示预测为该类别的数据的数目。混淆矩阵使用以下四种计数总结了分类器正确与不正确预测的实例数量。

真正例（true positive，TP）：真实情况为正例，模型预测正确，预测情况为正例。

假正例（false positive，FP）：真实情况为负例，模型预测错误，预测情况为正例。

假负例（false negative，FN）：真实情况为正例，模型预测错误，预测情况为负例。

真负例（true negative，TN）：真实情况为负例，模型预测正确，预测情况为负例。

基于上述四个计数，可以计算以下多个评价指标。

一是准确率（accuracy）/总体分类精度。准确率为分类正确的样本数与总样本数的比值，阈值范围是[0, 1]，其公式如下：

$$\text{accuracy}=\frac{\text{TP}+\text{TN}}{\text{TP}+\text{FP}+\text{FN}+\text{TN}} \tag{4-3}$$

准确率在类别样本比例失衡的情况下，往往倾向于数量较多的类别，会产生较大误差。

二是精确率（precision）。精确率又称为查准率，表示在模型识别为正类的样本中，真正为正类的样本所占的比例，阈值范围是[0, 1]。一般情况下，精确率越高，说明模型的效果越好。公式如下：

$$\text{precision}=\frac{\text{TP}}{\text{TP}+\text{FP}} \tag{4-4}$$

三是召回率（recall）。召回率又称为查全率或真正率（true positive rate，TPR），在医学界也称为灵敏度（sensitivity），表示的是模型正确识别出为正类样本的数量占总的正类样本数量的比值，阈值范围是[0, 1]。一般情况下，召回率越高，说明有越多的正类样本被模型预测正确，模型的效果越好。公式如下：

$$\text{recall}/\text{TPR}=\frac{\text{TP}}{\text{TP}+\text{FN}} \tag{4-5}$$

四是 F1 分数（F1-score）。理论上来说，精确率和召回率都是越高越好，但更多时候它们两个是矛盾的，经常无法保证二者都很高，因此，引入新指标 F1 分数，它是两者的调和均值，阈值范围是[0, 1]，其取值越大越好。它不易受极端值的干扰，对于不平衡数据的分类结果有更好的评估价值。公式如下：

$$\text{F1-score} = \frac{2 \times \text{precision} \times \text{recall}}{\text{precision} + \text{recall}} \tag{4-6}$$

五是真负率（true negative rate，TNR）。真负率是模型正确预测出为负类样本的数量占总的负类样本数量的比例，阈值范围是[0, 1]。其值越大，表示模型对测试集中任意随机选择的负类样本的分类正确性越高。公式如下：

$$\text{TNR} = \frac{\text{TN}}{\text{FP} + \text{TN}} \tag{4-7}$$

六是假正率（false positive rate，FPR）。假正率表示的是模型错误识别出为正类样本的数量占实际的负类样本总数的比例，阈值范围是[0, 1]。其值越大，表示模型对于负类样本的预测正确性越低。公式如下：

$$\text{FPR} = \frac{\text{FP}}{\text{FP} + \text{TN}} = 1 - \text{TNR} \tag{4-8}$$

七是假负率（false negative rate，FNR）。假负率表示的是模型错误识别出为负类样本的数量占实际的正类样本总数的比例，阈值范围是[0, 1]。其值越大，表示模型对于正类样本的预测正确性越低。公式如下：

$$\text{FNR} = \frac{\text{FN}}{\text{TP} + \text{FN}} = 1 - \text{TPR} \tag{4-9}$$

（2）接受者操作特征（receiver operating characteristic，ROC）曲线与 ROC 曲线的曲线下面积（area under the curve，AUC）。除了混淆矩阵，另一种广泛应用的模型评价方法是 ROC 曲线，它是用于显示模型在不同的评分阈值上的 TPR 和 FPR 之间折中的图形化方法。在 ROC 曲线上，TPR 沿 y 轴绘制，FPR 是 x 轴，曲线的每一个点都代表一个概率分界值，对应于通过对模型产生的测试评分设置阈值而得到的模型，即把大于分界值的部分分为正类，小于分界值的部分分为负类。对于模型而言，计算出每个样本属于正类的概率，然后对概率值按顺序进行排序，计算每个概率作为分界点的 TPR 和 FPR，并绘制曲线，就构成了模型的 ROC 曲线。在样本有限的情况下，ROC 曲线通常不是一条平滑的曲线，而是锯齿形的，在数据较多的情况下，ROC 曲线会接近平滑。其曲线示意图如图 4.4 所示。

ROC 曲线上有以下几个关键点。

（TPR = 0，FPR = 0），即左下角，此时模型将每个样本都预测为负类。

（TPR = 1，FPR = 1），即右上角，此时模型将每个样本都预测为正类。

（TPR = 1，FPR = 0），即左上角，此时模型将每个样本都预测正确，零错误率。

（TPR = 0，FPR = 1），即右下角，此时模型将每个样本都预测错误，是最差的分类器。

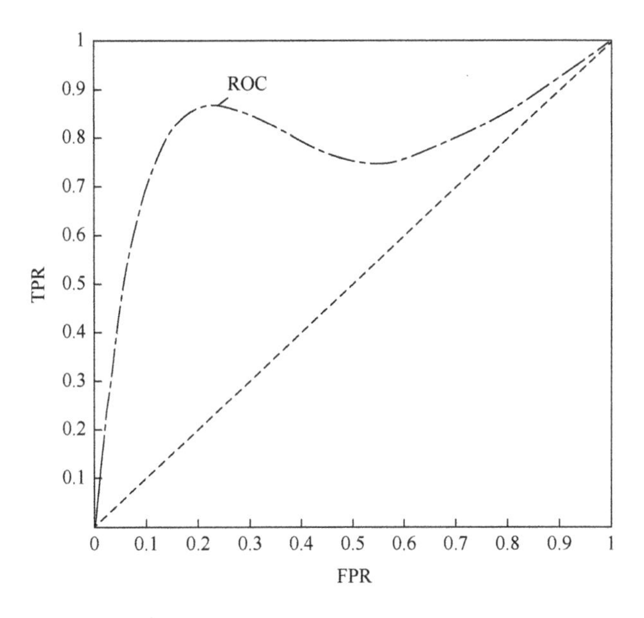

图 4.4　ROC 曲线

因此，一个好的模型应尽可能靠近图形的左上角，即模型的 TPR 较高，而同时保持 FPR 较低。一个随机猜测的模型应该位于连接点在（TPR = 0，FPR = 0）和（TPR = 1，FPR = 1）的主对角线上。一般来说，如果 ROC 曲线是光滑的，那么基本可以判断没有太大的过拟合。

ROC 曲线能在一定程度上反映模型的性能，但因为曲线靠近左上方这个说法比较主观，不够定量化，因此通常用 ROC 曲线的 AUC 来定量化地反映模型性能。如果模型是零错误率的，那么 AUC = 1.0，如果算法简单地执行随机猜测，那么 AUC = 0.5。在实际建模过程中，根据 AUC 值所处范围可大致判断模型的泛化能力强弱：0.50～0.70 表示模型泛化能力较弱；0.70～0.85 表示模型泛化能力较强；0.85～0.95 表示模型泛化能力很强；0.95～1.00 表示模型泛化能力完美。

AUC 指标能较好地反映模型的总体表现，其对样本是否均衡并不敏感，允许实际正负个案数差距较大；而且不需要提前设定阈值，而是通过遍历阈值的方式来达到整体的评估效果。但是，它也存在很多缺陷，首先，其只适用于二分类模型的评价；其次，作为一个综合评价指标，AUC 表达的信息较笼统，无法像精确率和召回率那样反映出某一特定方面的信息。因此在两模型的 AUC 差距不大的情况下，AUC 大的模型不一定表现得更好，而且如图 4.4 所示，两模型中 AUC 较高的也不意味着在所有操作点上该模型都占主导地位，因此，在实际使用中，需要根据感兴趣的操作点来选取最终的模型。

（3）精确率-召回率（precision recall，PR）曲线。PR 曲线是另一种常用的模型评价曲线，它通过改变测试评分阈值来绘制模型精确率和召回率的变化，x 轴是召回率，y 轴是精确率。图 4.5 展示了两个假设模型的 PR 曲线。

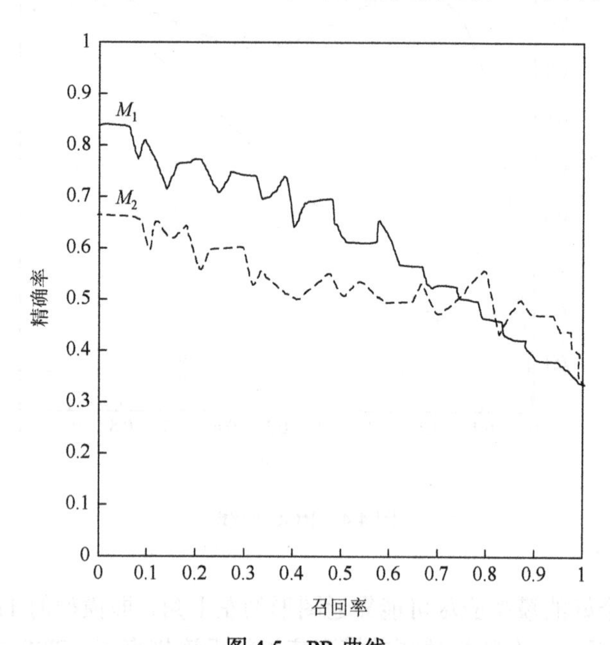

图 4.5　PR 曲线

M_1 指模型 1 的 PR 曲线，M_2 指模型 2 的 PR 曲线

当 PR 曲线越靠近右上方时，表明模型性能越好。其上的各个取值为当前精确率（p）下的样本判断结果，其中，大于 p 的为正类样本，反之为负类样本。随着 p 值的降低，越来越多的样本被判为正类样本，横坐标召回率不断增大，而纵坐标精确率则计算大于 p 的那些样本的精确率，理论上精确率会不断降低，最小值为总样本中正类样本占比。

PR 曲线使用精确率和召回率作为度量，因此 PR 曲线的两个指标都聚焦于正类样本。类别不平衡问题中一般主要关心正例，所以在此情况下 PR 曲线被广泛认为优于 ROC 曲线。此外，要测试数据类别的不同分布对分类器性能的影响，PR 曲线也比较合适。

（二）聚类

1. 聚类的定义

聚类分析是指根据在数据中发现的属性性质及其关系信息，将数据对象分组的过程，每个组是一个簇（cluster），其原则是组中的对象彼此相似（相关），但与其他组中的对象不相似（不相关）。组内相似性（同质性）越高，组间相异性越大，聚类效果就越好。聚类分析起源于分类学，但是因为它的数据集合没有提供类别信息，完全依据数据自身的属性，通过观察学习而不是通过示例学习来进行区分，因此聚类是一种无监督分类。

聚类分析已经广泛应用于多个场景，包括生物学、医学、商业、信息检索、地理和教育学等多个领域。在生物学领域，生物学家分析大量遗传信息来发现具有类似功能的基因组。在医学领域，聚类分析可以发现疾病或者健康状况的多个变种子类别，也可以用于检测疾病的时间和空间分布模式。在商业领域，对当前收集到的顾客和潜在顾客的大量信息进行聚类，可以发现不同的客户群，并刻画不同客户群的特征，进一步细化市场。在信息检索领域，聚类分析可以将网络检索结果分成若干簇，观察每个簇的特征，将进一步分析集中在特定的簇集合上，帮助用户更好地探索查询结果。在地理领域，根据区域的地理属性，可以基于聚类分析进行地理区域划分。在教育学领域，可以基于线上学生学习行为大数据进行聚类分析，进一步指导线上教学。

聚类分析主要具有以下特点。一是聚类分析简单、直观、易于理解而且聚类结果具有较强的客观性。二是聚类分析主要应用在探索研究，分析结果仅为多种可能提供参考，还需要辅以专家判断才能做出更为准确的选择。三是通过聚类分析可以将样本聚为若干类别簇，但可能实际情况并不存在多种类别。四是聚类分析主要依靠选择的变量属性，当变量调整时会对结果产生很大影响。五是聚类分析会受到异常值较大的影响，因此建议先做标准化、规范化处理。

2. 聚类方法的种类

聚类方法的种类有多种区分规则，其中流传较为广泛的区分规则可以分为以下五类：划分法（partitioning methods）、层次法（hierarchical methods）、基于密度的方法（density-based methods）、基于网格的方法（grid-based methods）和基于模型的方法（model-based methods）。

如图 4.6 所示，划分法将数据对象集划分成不重叠的子集，使得每个数据对象恰好在一个子集中，典型的划分法包括：K-means、K-means ++、K-中心点（K-medoids）法、K-众数（K-modes）法、K-prototype、CLARA（clustering large application，大型应用中的聚类）算法、CLARANS（clustering large application based upon randomized search，基于随机搜索的聚类大型应用）等。层次法是嵌套簇的集合，创建一个层次以分解给定的数据集。该方法可以分为自上而下（分解）和自下而上（合并）两种操作方式。为弥补分解与合并的不足，层次合并经常要与其他聚类方法相结合，如循环定位。典型的层次法包括：凝聚层次聚类（agglomerative clustering）、BIRCH（balanced iterative reducing and clustering using hierarchies，利用层次方法的平衡迭代规约和聚类）、CURE（clustering using reprisentatives，基于代表点聚类）、ROCK（robust clustering using links，鲁棒链接型聚类）、变色龙（chameleon）算法。基于密度的方法假定聚类结构可以通过样本分布的紧密程度来确定，它根据对象周围的密度不断增长进行聚类。典型的基于密度的方法包括：DBSCAN（density-based spatial clustering of application with noise，具有噪声应用的基于密度的空间聚类）和 OPTICS（ordering points to identify the clustering structure，对点排序以此来确定簇结构）。基于网格的方法首先将对象空间划分为有限个单元以构成网格结构，然后利用网格结构完成聚类。典型的基于网格的

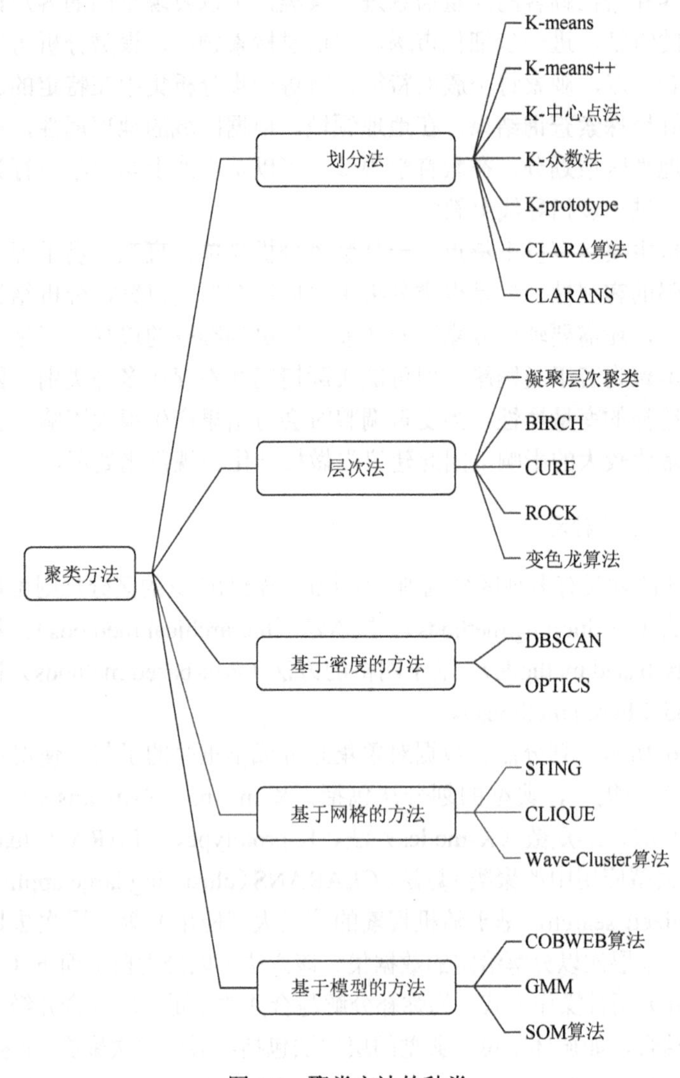

图 4.6 聚类方法的种类

方法包括：STING（statistical information grid，统计信息网格）、CLIQUE（clustering in quest，聚类高维空间）和 Wave-Cluster 算法。基于模型的方法给每一个聚类假定一个模型，然后去寻找能很好地拟合模型的数据集。模型可能是数据点在空间中的密度分布函数或者难以明确其他具体的模型类型。这样的方法通常包含的潜在假设是：数据集是由一系列的潜在概率分布生成的。此方法通常有两种尝试思路：统计学方法和神经网络方法。典型基于模型的方法包括：统计学方法中的 COBWEB 算法（简单增量概念聚类算法）、高斯混合模型（Gaussian mixture model，GMM），神经网络方法中的 SOM（self organizing maps，自组织映射）算法。

3. 聚类效果的评价

运用聚类算法聚类后，可以通过聚类性能度量指标来评价聚类结果的优劣和确定聚类算法的参数值，根据有无先验知识，聚类性能度量指标可以分为外部指标和内部指标。

外部指标，也就是有参考标准的指标，是有监督情况下的一种度量聚类算法和各参数的指标。具体就是将聚类算法的聚类结果和已知的类别相比较，从而衡量聚类算法的性能和优劣。常用的外部指标主要有：纯度（purity）、兰德系数（Rand index，RI）、调整兰德系数（adjusted Rand index，ARI）、F 值（F-score）、Jaccard 相似系数（Jaccard similarity coefficient，JC）、FM 指数（Fowlkes and Mallows index，FMI）、互信息（mutual information，MI）等。外部指标需要数据类别先验知识，但是在实际应用中，聚类方法更多地应用在没有先验知识的数据分析中，因此对上述方法不做具体介绍。

内部指标，是无监督的，不需要基准数据集，也不需要借助外部参考模型，主要基于数据集的集合结构信息从紧致性、分离性、连通性和重叠度等方面对聚类划分进行评价，即基于数据聚类自身进行评估。常用的内部指标主要有：轮廓系数（silhouette coefficient，SC）、卡林斯基-哈拉巴斯指数（Calinski-Harabaz index，CHI）、戴维森-堡丁指数（Davies-Bouldin index，DBI）、邓恩指数（Dunn validity index，DVI）。

轮廓系数结合了凝聚度和分离度两种因素，其取值范围为[−1, 1]，轮廓系数为−1 时表明聚类效果差，为 + 1 时表明簇内元素之间紧凑，为 0 时表明有不同的簇出现重叠现象。轮廓系数越大，表明簇内元素之间越紧凑，且簇间的距离越大，即聚类效果好。计算公式如下：

$$b(i) = \min\{b(i1), b(i2), \cdots, b(ik)\}$$

$$S(i) = \frac{b(i) - a(i)}{\max\{a(i), b(i)\}} \tag{4-10}$$

$$\mathrm{SC}=\frac{1}{N}\sum_{i=1}^{N}S(i)$$

其中，$b(ik)$ 为向量 i 到其他簇的向量的平均不相似程度；$a(i)$ 为簇内的相似度，表示向量 i 与同簇内其他向量的不相似程度的平均值，表现为凝聚度；$b(i)$ 为簇间的不相似度，表示 $b(ik)$ 中的最小值，表现为分离度；N 为总共的聚类数目；SC 为轮廓系数，表示簇中点的轮廓系数 $S(i)$ 的均值。

CHI 被定义为簇间离散与簇内离散的比率，通过评估类之间方差和类内方差来计算得分。该分值越大说明聚类效果越好。计算公式如下：

$$\mathrm{CHI}=\frac{\mathrm{Tr}(B_k)}{\mathrm{Tr}(W_k)}\times\frac{N-K}{K-1}$$

$$W_k=\sum_{q=1}^{k}\sum_{x\in c_q}(x-C_q)^{\mathrm{T}} \tag{4-11}$$

$$B_k=\sum_{q}n_q(C_q-c)(C_q-c)^{\mathrm{T}}$$

其中，$\mathrm{Tr}(B_k)$ 为矩阵 B_k 的迹；W_k 为组内离散矩阵；B_k 为组间离散矩阵；K 为聚类类别数；N 为全部数据数目；n 为样本点数；c_q 为在聚类 q 中的样本点；C_q 为在聚类 q 中的中心点；n_q 为聚类 q 中的样本点数量；c 为所有数据集 E 的中心。

DBI 又称为分类适确性指标，是一种用于评估聚类算法优劣的指标，计算的是任意两个类别的类内平均距离之和除以两聚类中心距离后求最大值。DBI 越小意味着类别里各因素的距离越小，且类别间的距离越大，即聚类效果越好。计算公式如下：

$$S_i=\left\{\frac{1}{T_i}\sum_{j=1}^{T_i}|X_j-A_i|^q\right\}^{\frac{1}{q}}$$

$$M_{ij}=\left\{\sum_{k=1}^{N}|a_{ki}-a_{kj}|\right\} \tag{4-12}$$

$$R_{ij}=\frac{S_i+S_j}{M_{ij}}$$

$$\mathrm{DBI}=\frac{1}{N}\sum_{i=1}^{N}\max(R_{ij})$$

其中，S_i 为分散度的值，表示第 i 个类中数据点的分散程度；X_j 为第 i 类中第 j 个数据点；A_i 为第 i 类的中心；T_i 为第 i 类中数据点的个数；q 取 1 时为各点到中心的距离的均值，q 取 2 时为各点到中心距离的标准差，它们都可以用来衡量分散程度；M_{ij} 为距离值，表示第 i 类与第 j 类的距离；a_{ki} 为第 i 类的中心点的第 k 个属性的值；R_{ij} 为第 i 类与第 j 类的相似度；N 为总的聚类数目。

DVI 是计算任意两个簇元素的最短距离（类间距离）除以任意簇中的最大距离（类内最大距离）。DVI 越大意味着类间距离越大，同时类内距离越小，即聚类效果越好。其对离散点的聚类测评效果较好，但是不适用于环状分布的数据测评。计算公式如下：

$$\mathrm{DVI}=\frac{\min\limits_{0<m\neq n<K}\left\{\min\limits_{\substack{\forall x_i\in\Omega_m\\ \forall x_j\in\Omega_n}}\left\{\left\|x_i-x_j\right\|\right\}\right\}}{\max\limits_{0<m\leqslant K}\max\limits_{\forall x_i,x_j\in\Omega_m}\left\{\left\|x_i-x_j\right\|\right\}} \tag{4-13}$$

其中，$\|\ \|$为向量的长度；x_i、x_j 为簇内任一元素；m、n 为两个簇；K 为簇的个数。

（三）关联分析

1. 关联分析的定义

关联分析又称关联挖掘或关联规则学习，是用于发现大量数据集中可能存在的关联关系或相关关系的技术，可以描述一个事物中某些因素或者多个事物同时出现的概率。出现在许多事务中的项集为频繁项集（frequent itemsets），两个项集之间的关系用关联规则（association rule）来表示。购物篮分析是关联分析的一个典型案例。通过分析顾客的购物篮中不同商品的情况，了解顾客的购买和消费习惯。通过对商品购买次数以及商品同时被购买的关系的分析，可以为零售商制定营销策略、进行商品定价、进行商品促销、摆放商品等提供参考。

为进行关联分析，常以表 4.1 中的数据呈现方式来表示购物篮数据的情况。

表 4.1　购物篮数据的 0/1 表示

序号	面包	牛奶	尿布	啤酒	鸡蛋	可乐
1	1	1	0	0	0	0
2	1	0	1	1	1	0
3	0	1	1	1	0	1
4	1	1	1	1	0	0
5	1	1	1	0	0	1

注：1 表示购物篮中有此商品，0 表示购物篮中无此商品

关联分析的基本术语包括事务、项、支持度、置信度、频繁项集等。

1）事务

每一条交易（每行）称为一个事务。

2）项

项是指我们分析数据中的一个对象（一列）。

3）项集

项集，就是包含零个或多个项的集合，如集合{牛奶、尿布、啤酒}。

4）k-项集

如果一个项集包含 k 个项，则称它为 k-项集，如{牛奶、尿布、啤酒}是一个3-项集。

5）支持度计数

支持度计数是项集的一个重要性质，即包含某个特定项集的事务个数。项集 X 的支持度计数 $\sigma(X)$ 可以表示为

$$\sigma(X)=\left|\left\{t_i \mid X \subseteq t_i, t_i \in T\right\}\right| \tag{4-14}$$

其中，t_i 为事务；$T=\{t_1,t_2,\cdots,t_N\}$ 为所有事务的集合；$|\cdot|$为集合中元素的个数。

6）支持度

支持度是支持度计数除以事务总数，可以用于计算给定数据集的频繁程度。对于形如 $X \rightarrow Y$ 且 $X \cap Y=\varnothing$ 的关联规则，其支持度定义如下：

$$s(X \rightarrow Y)=\frac{\sigma(X \cup Y)}{N} \tag{4-15}$$

其中，N 为事务的总数。例如，对于规则{牛奶、尿布}$\rightarrow${啤酒}，假设项集{牛奶、尿布、啤酒}的支持度计数为2，总的事务数为5，此时规则的支持度为 $\frac{2}{5}=0.4$。

7）置信度

对于形如 $X \rightarrow Y$ 且 $X \cap Y=\varnothing$ 的关联规则，置信度用于确定 Y 在包含 X 的事务中出现的频繁程度，置信度越高，Y 在包含 X 的事务中出现的可能性就越大。公式如下：

$$s(X \rightarrow Y)=\frac{\sigma(X \cup Y)}{\sigma(X)} \tag{4-16}$$

对于规则{牛奶、尿布}$\rightarrow${啤酒}，置信度是项集{牛奶、尿布、啤酒}的支持度计数与项集{牛奶、尿布}支持度计数的商。由于有3个事务同时包含{牛奶、尿布}，所以该规则的置信度为 $\frac{2}{3}=0.67$。

8）频繁项集

支持度大于或等于某个阈值的项集就叫作频繁项集。例如，假设阈值为50%，

因为总的事务数为 5，有 3 个事务包含{牛奶、尿布}，其支持度是 60%，所以它是频繁项集。

9）前件和后件

对于规则{牛奶、尿布}→{啤酒}，{牛奶、尿布}叫作前件，{啤酒}叫作后件。

10）强关联规则

大于或等于最小支持度阈值和最小置信度阈值的规则叫作强关联规则。关联分析的最终目标就是要找出强关联规则。

2. 关联分析的过程

关联分析包括两个过程：一是寻找频繁项集；二是产生关联规则。

1）寻找频繁项集

找到所有的频繁项集，即经常出现在一起的对象集合，实际上，找到频繁项集并不复杂，可以按照如下步骤来进行操作。

（1）遍历对象之间所有可能的组合（包含单个对象的组合），每种组合构成一个项集。

（2）针对每一个项集 X，计算 X 的支持度（X 的支持度计数除以事务总数）。

（3）设置支持度阈值，返回的所有支持度大于阈值的项集为频繁项集。

2）产生关联规则

将上一步发现的每个频繁项集拆分成两个非空子集，就可以构成关联规则。一个频繁项集拆分成两个非空子集可能有很多种方式，需要考虑每一种可能。然后，针对每一个关联规则，分别计算其置信度，仅保留大于或等于置信度阈值的关联规则，这些规则叫作强规则（strong rule）。

3. 关联模式的评估

关联分析算法往往产生大量的规则，而其中很大一部分可能是我们不感兴趣的规则，因此，建立一组广泛接受的评价关联模式质量的标准是非常重要的。关联模式的评估主要有两组标准。一是利用客观统计论据，通过计算模式的客观兴趣度来度量。这些度量可以对模式或规则进行评估和排序，筛选出有价值的模式。二是通过主观论据判断模式是否出乎意料、是否有价值，这需要来自领域专家的大量先验信息，主观信息的引入可以帮助过滤一些没有实际价值的模式。由于在评估关联模式时引入主观信息是比较困难的，因此客观度量是常用的评估方法。

客观度量是一种评估关联模式质量的数据驱动方法，它不依赖于领域，只需要用户设置阈值来过滤低质量的模式。客观度量常常基于列联表中列出的频度计数来计算。表 4.2 显示了一对二元变量 A 和 B 的二路列联表。

表 4.2　变量 A 和 B 的二路列联表

变量	B	$\overline{B}$	合计
A	f_{11}	f_{10}	f_{1+}
$\overline{A}$	f_{01}	f_{00}	f_{0+}
合计	f_{+1}	f_{+0}	N

注：$\overline{A}$（$\overline{B}$）为 A（B）不在事务中出现；f_{11} 为 A 和 B 同时出现在一个事务中的次数；f_{01} 为不包含 A 但包含 B 的事务的个数；f_{0+} 为 A 未出现的事务个数；f_{1+} 和 f_{+1} 分别为 A 和 B 的支持度计数；N 表示事务的总数

经典的关联规则挖掘算法依赖支持度和置信度来去除没有意义的模式，但是对于许多有潜在意义的模式，很可能因为包含支持度小的项而被删去，而计算置信度时忽略了规则后件中项集的支持度。对于上述局限性，介绍兴趣因子、PS 度量、相关度分析和 IS 度量等客观度量方法。在此之前，需要先计算模式的支持度 $s(A,B)$ 与在统计独立性假设下的 A 和 B 的支持度 $s_{\text{indep}}(A,B)$，其公式如下：

$$s(A,B)=\frac{f_{11}}{N} \tag{4-17}$$

$$s_{\text{indep}}(A,B)=s(A)\times s(B)=\frac{f_{1+}}{N}\times\frac{f_{+1}}{N} \tag{4-18}$$

几种主要的客观度量方法如下。

1）兴趣因子

兴趣因子 $I(A,B)$ 又叫提升度（lift），是模式的支持度 $s(A,B)$ 与在统计独立性假设下计算出的 A 和 B 的支持度 $s_{\text{indep}}(A,B)$ 的比值。其公式如下：

$$I(A,B)=\frac{s(A,B)}{s(A)\times s(B)}=\frac{Nf_{11}}{f_{1+}f_{+1}} \tag{4-19}$$

兴趣因子值的大小代表了 A 和 B 的不同关系，具体如下：

$$I(A,B)\begin{cases}=1, & A\text{和}B\text{是独立的}\\ >1, & A\text{和}B\text{是正相关的}\\ <1, & A\text{和}B\text{是负相关的}\end{cases}$$

2）PS 度量

PS 度量考虑 $s(A,B)$ 和 $s(A)\times s(B)$ 之间的差异，其公式如下：

$$\text{PS}=s(A,B)-s(A)\times s(B)=\frac{f_{11}}{N}-\frac{f_{1+}f_{+1}}{N^2} \tag{4-20}$$

PS 值的大小代表了 A 和 B 的不同关系，具体如下：

$$\mathrm{PS}\begin{cases}=0, & A和B是独立的\\ >0, & A和B是正相关的\\ <0, & A和B是负相关的\end{cases}$$

3）相关度分析

相关度分析是分析一对变量之间关系的最流行的方法之一，对于二元变量，相关度可以用$\varnothing$系数度量，$\varnothing$系数的定义如下：

$$\varnothing=\frac{s(A,B)-s(A)\times s(B)}{\sqrt{s(A)\times(1-s(A))\times s(B)\times(1-s(B))}}=\frac{f_{11}f_{00}-f_{01}f_{10}}{\sqrt{f_{1+}f_{+1}f_{0+}f_{+0}}} \tag{4-21}$$

$\varnothing$系数值的范围为[−1, 1]，其值的大小代表了 A 和 B 的不同关系，具体如下：

$$\varnothing=\begin{cases}0, & A和B是没有关联的\\ +1, & A和B是完全正相关的\\ -1, & A和B是完全负相关的\end{cases}$$

4）IS 度量

IS 是兴趣因子和模式的支持度$s(A, B)$的几何平均，其公式如下：

$$\mathrm{IS}(A,B)=\sqrt{I(A,B)\times s(A,B)}=\frac{s(A,B)}{\sqrt{s(A)\times s(B)}}=\frac{f_{11}}{\sqrt{f_{1+}f_{+1}}} \tag{4-22}$$

由式（4-22）可知，当兴趣因子和支持度都很大时，IS 也会很大。如果两种模式的兴趣因子相同，则 IS 会选择具有较高支持度的模式。IS 的值域为[0, 1]，当 IS 的值为 0 时，表明两个变量不共现，当 IS 的值为 1 时，表示两个变量会同时出现。

5）其他客观度量

上述定义的度量方法还不全面，以表 4.2 的二路列联表为例，其他客观度量方法的定义如表 4.3 所示。

表 4.3　其他客观度量方法

度量方法（符号）	定义
比值比（α）	$\frac{f_{11}f_{00}}{f_{01}f_{10}}$
Kappa（k）	$\frac{Nf_{11}+Nf_{00}-f_{1+}f_{+1}-f_{0+}f_{+0}}{N^2-f_{1+}f_{+1}-f_{0+}f_{+0}}$
集体强度（S）	$\frac{f_{11}+f_{00}}{f_{1+}f_{+1}+f_{0+}f_{+0}}\times\frac{N-f_{1+}f_{+1}-f_{0+}f_{+0}}{N-f_{11}-f_{00}}$
Jaccard（ζ）	$\frac{f_{11}}{f_{1+}+f_{+1}-f_{11}}$
全置信度（h）	$\min\left[\frac{f_{11}}{f_{1+}},\frac{f_{11}}{f_{+1}}\right]$

上述介绍的客观度量方法之间存在较大的差异，对同一个模式的质量可能会提供互相矛盾的信息。这是由于不存在一种度量方法对所有应用来说都是最好的，在实际应用中，需要根据不同的性质来选择合适的度量方法。这里的性质主要有三个：反演性、缩放不变性和零加性。

反演性：如果交换频度计数 f_{11} 和 f_{00}、f_{10} 和 f_{01} 后值保持不变，则客观度量 M 在反演操作下是不变的。

缩放不变性：令 T 为频度计数是 $[f_{11}; f_{10}; f_{01}; f_{00}]$ 的列联表，T' 是转换后的列联表，缩放频度计数为 $[k_1k_3f_{11}; k_2k_3f_{10}; k_1k_4f_{01}; k_2k_4f_{00}]$，其中，$k_1$、$k_2$、$k_3$、$k_4$ 为用于缩放 T 中两行或两列的常量。如果 $M(T)=M(T')$，则客观度量 M 在行/列缩放操作下是不变的。

零加性：对于客观度量 M，如果增加 f_{00} 而保持列联表中所有其他频度不变并不影响 M 的值，则 M 在零加操作下是不变的。

各客观度量方法的性质如表 4.4 所示。

表 4.4　各客观度量方法的性质

客观度量方法	符号	反演性	缩放不变性	零加性
支持度	s	×	×	×
兴趣因子	I	×	×	×
PS 度量	PS	√	×	×
相关度分析	$\varnothing$	√	×	×
IS 度量	IS	×	×	√
比值比	α	√	√	×
Kappa	k	√	×	×
集体强度	S	√	×	×
Jaccard	ζ	×	×	√
全置信度	h	×	×	√

（四）时间序列预测法

1. 时间序列预测法的基本情况

时间序列是将相关数值根据时间先后顺序排列所形成的数列。时间序列预测法是通过分析时间序列的特征，反映出按时间发展的过程、方向和趋势，根据过去的趋势特征，预测下一时间段可能呈现的状况，其本质上是回归预测方法。主要的原理是：一方面承认事物发展规律的延续性，通过统计、总结过去的趋势，推测出未来发展变化趋势；另一方面充分考虑其他因素可能产生的影响，并对这些因素的影响进行适当处理，从而控制住随机产生的波动，实现更为准确的预测。

时间序列预测法有两个基本特征，一是根据过去的变化趋势预测未来发展，以事物的过去规律会在未来重复出现为假设前提，认为不会有突然的大变化；二是时间序列数据的变动存在着规律性与不规律性，可能存在趋势性、周期性、随机性、综合性。

2. 时间序列预测法的分类

时间序列预测法大致可以分为五类。

一是使用平滑技术进行时间序列预测，主要包括指数平滑（exponential smoothing）法和 Holt-Winters 法。指数平滑法是一种加权移动平均法，通过对过去序列值进行加权平均计算指数平滑值。考虑到时间间隔对数据的影响，各期权重随着时间间隔的增大而呈指数衰减。简单的指数平滑法适用于预测没有明确趋势或季节性模式的单变量时间序列数据。Holt-Winters 法扩展了简单的指数平滑法，可以预测具有趋势的数据，它的季节性方法包括预测方程和三个平滑方程（一个用于水平，一个用于趋势，一个用于季节性分量）。

二是单变量时间序列预测，主要包括自回归（autoregression，AR）模型、移动平均（moving average，MA）模型、自回归移动平均（autoregressive moving-average，ARMA）模型、自回归差分移动平均（autoregressive integrated moving-average，ARIMA）模型和季节性 ARIMA（seasonal autoregressive integrated moving-average，SARIMA）模型。AR 模型使用变量过去值的线性组合来预测感兴趣的变量。MA 模型不使用变量的过去值，而是关注过去的预测误差或残差。ARMA 模型使用变量过去值与过去预测误差或残差的线性组合来预测感兴趣的变量，结合了 AR 模型和 MA 模型。ARIMA 模型结合了 AR 模型和 MA 模型，以及为了使序列平稳而对序列做了差分，可以处理更复杂的时间序列问题。SARIMA 模型是通过在 ARIMA 模型中添加额外的季节性项来形成的，能够对广泛的季节性数据进行建模。

三是外生变量时间序列预测，包括 SARIMAX（seasonal autoregressive integrated moving-average with exogenous regressors，包含外生变量的 SARIMA）模型和 VARMAX（vector autoregression moving-average with exogenous regressors，包含外生变量的向量自回归移动平均）模型。SARIMAX 模型是传统 SARIMA 模型的扩展，包括外生变量的建模。外生变量，也被称为协变量，是其值在模型之外确定并施加在模型上的变量，外生变量的观测值在每个时间步直接包含在模型中，并且与主要的内生序列使用不同的建模方式。VARMAX 模型可用于对包含外生变量的包含模型进行建模，可应用于多个并行时间序列。

四是多元时间序列预测，包括向量自回归（vector autoregressive，VAR）模型和向量自回归移动平均（vector autoregression moving-average，VARMA）模型。VAR 模型是单变量自回归模型的推广，用于预测时间序列向量或多个并行时间序列。VARMA 模型是 ARMA 模型对多个并行时间序列的推广。

五是机器学习方法时间序列预测。基本思路是把时序切分成历史训练窗口和未来预测窗口，对于预测窗口中的每一条样本，基于训练窗口的信息来构建特征，转化为一个表格类预测问题来求解。机器学习方法时间序列预测包括梯度提升决策树（gradient boosting decision tree，GBDT）和神经网络（neural network，NN），此外还有深度学习中的序列到序列（sequence to sequence，Seq2Seq）、波网（WaveNet）、长短期时间序列网络（long-and short-term time-series network，LSTNet）、多重时序高阶算法（DeepAR）、时间融合变换器（temporal fusion transformers，TFT）等。

3. 时间序列预测法的评价指标

评价指标是判断算法性能很重要、很有必要的一个评判标准，在机器学习中，一般是对预测值 $\hat{Y}$ 和真实值 Y 进行评价，假设 $\hat{Y}=\{\hat{y}_1,\hat{y}_2,\cdots,\hat{y}_n\}$，$Y=\{y_1,y_2,\cdots,y_n\}$。

通常利用以下评价指标来表现预测值和真实值之间的差距，误差越小说明效果越好，性能越好。

1）均方误差

均方误差（mean square error，MSE）是反映估计量与被估计量之间差异程度的一种度量，范围是$[0,+\infty)$，当预测值与真实值完全吻合时，MSE 等于 0，即该预测模型为完美模型；误差越大，该值越大。其公式如下：

$$\text{MSE}=\frac{1}{n}\sum_{i=1}^{n}(y_i-\hat{y}_i)^2 \tag{4-23}$$

2）均方根误差

均方根误差（root mean square error，RMSE）是预测值与真实值偏差的平方与观测次数 n 比值的平方根，在实际测量中，观测次数 n 总是有限的，真实值只能用最可信赖（最佳）值来代替。RMSE 是用来衡量观测值与真实值之间的偏差。和 MSE 同理，预测值与真实值之间的差距越小，模型精度越高；反之，则越低。其公式如下：

$$\text{RMSE}=\sqrt{\frac{1}{n}\sum_{i=1}^{n}(y_i-\hat{y}_i)^2} \tag{4-24}$$

3）平均绝对误差

平均绝对误差（mean absolute error，MAE）指各次测量值的绝对偏差绝对值的平均值。MAE 可以避免误差相互抵消的问题，因而可以准确反映实际预测误差的大小，范围是[0, +∞)，和 MSE、RMSE 类似，预测值和真实值的差距越小，模型越好；反之，则越差。其公式如下：

$$\mathrm{MAE}=\frac{1}{n}\sum_{i=1}^{n}\left|y_i-\hat{y}_i\right| \tag{4-25}$$

4）平均绝对百分比误差

平均绝对百分比误差（mean absolute percentage error，MAPE）是一种衡量预测方法的预测准确性的指标，在解释相对误差方面非常直观，但当真实值中有 0 时，存在分母为 0 的问题，该公式不可用。MAPE 的范围是[0，+∞)，MAPE 为 0 表示该预测模型为完美模型，MAPE 大于 100%则表示该预测模型为劣质模型。其公式如下：

$$\mathrm{MAPE}=\frac{100\%}{n}\sum_{i=1}^{n}\left|\frac{y_i-\hat{y}_i}{y_i}\right| \tag{4-26}$$

5）对称平均绝对百分比误差

对称平均绝对百分比误差（symmetric mean absolute percentage error，SMAPE）等于实际值与预测值差值的绝对值除以实际值与预测值绝对值之和的一半。与 MAPE 相比，SMAPE 加了对称，就是将分母变为真实值和预测值的中值。当真实值和预测值均为 0 时，存在分母为 0 问题，该公式不可用。SMAPE 的范围是[0, +∞)，SMAPE 为 0 表示该预测模型为完美模型，SMAPE 大于 100%则表示该预测模型为劣质模型。其公式如下：

$$\mathrm{SMAPE}=\frac{100\%}{n}\sum_{i=1}^{n}\frac{|y_i-\hat{y}_i|}{(|y_i|+|\hat{y}_i|)/2} \tag{4-27}$$

第二节　数据处理算法模型

不同数据处理方法下有多个模型，本节介绍每种处理方法下几种主要的算法模型，它们是此方法下的基础模型，也是较主流的算法。

一、分类模型

（一）KNN 算法

1. 算法描述

KNN 算法又称为 k 最近邻算法，是一种最经典和最简单的有监督的学习方法。KNN 算法是最简单的分类器，没有显式的学习过程或训练过程，属于懒惰学习（lazy learning）。给定测试样本 z 的 k 近邻指的是与 z 最接近的 k 个训练样本，当 $k=1$ 时，算法便寻找最近的那 1 个邻居。当数据的分布只有很少或者没有任何先验知识时，KNN 算法是一个不错的选择。该算法在 Python 中提供了较成熟的函数：sklearn.neighbors.KNeighborsClassifier。

2. 算法流程

KNN 算法不需要训练模型，只需要计算测试样本与训练样本的距离，主要包括以下四个步骤。

（1）设定最近邻数目为 k，训练样本的集合为 D，测试样本为 $z=(x',y')$。

（2）计算测试样本 z 与训练样本中每个样本点 $(x,y)\in D$ 的距离 $d(x',x)$，常见的距离度量有欧氏距离、马氏距离等。

（3）选择离 z 最近的 k 个训练样本，组成集合 $D_z \subseteq D$。

（4）根据这 k 个样本的标签，确定最终的分类类别，一般是根据最近邻的多数类和考虑距离加权时的类别计算，公式分别如下。

多数类：

$$y' = \arg\max_{v} \sum_{(x_i,y_i)\in D_z} I(v=y_i) \tag{4-28}$$

距离加权投票公式：

$$y' = \arg\max_{v} \sum_{(x_i,y_i)\in D_z} w_i \times I(v=y_i) \tag{4-29}$$

$$w_i = \frac{1}{d(x',x_i)}$$

其中，y' 为测试样本的类别；v 为类别标签；y_i 为最近邻之一的类别标签；$d(x',x_i)$ 为测试样本与训练样本间的距离；w_i 为影响权重；$I(\cdot)$ 为一个指示符函数，如果其参数为真，则返回值为 1，否则为 0。

3. 算法优缺点

KNN 算法计算简单，主要有以下几个优点：一是理论简单、容易实现、易于理解；二是数据没有假设，准确度高，通过 k 值的选择可以降低噪声数据对分类的影响，因此对异常值不敏感；三是 KNN 算法是一种在线技术，新数据可以直接加入数据集而不必进行重新训练。

KNN 算法仍存在一些缺点：一是每预测一个“点”的分类结果都需要重新进

行一次全局运算，样本量大的数据集计算量会比较大；二是样本不平衡时（即有些类别的样本量很多，而其他的样本量很少），预测偏差比较大；三是难以处理训练集和测试集中的缺失值；四是 k 值大小的选择没有最优理论依据，往往是结合 k 折交叉验证得到最优 k 值选择。

（二）朴素贝叶斯分类

1. 算法描述

朴素贝叶斯分类是在以严谨的数学理论做支撑，并且假设分类项的各个属性相互独立的情况下，基于贝叶斯定理而得出的一种简单分类方法。朴素贝叶斯分类的核心思想是：对于给出的待分类项，求解在此项出现的条件下各个类别出现的概率，哪个最大，就认为此待分类项属于哪个类别。假设一个属性对给定类的影响独立于其他属性，即当条件独立性假设成立时，朴素贝叶斯分类具有最小的误分类率。

在分类时，我们需要计算从给定属性值 x 的数据样本中找到满足类别标签 y 的概率。根据贝叶斯定理，可以将这个问题定义为后验概率，公式如下：

$$P(y|x)=\frac{P(x|y)P(y)}{P(x)} \tag{4-30}$$

其中，$P(x|y)$ 为类条件概率，表示从属于 y 类的样本中满足 x 的可能性；$P(y)$ 为先验概率，它独立于观察到的属性值，是关于类别标签分布的先验知识；$P(x)$ 不依赖于类别标签，因此被视为归一化常数。

Python 的第三方库 scikit-learn 中实现了三种朴素贝叶斯分类器：GaussianNB（高斯分类器）、BernoulliNB（伯努利分类器）和 MultinomialNB（多项式分类器）。函数形式分别为：sklearn.naive_bayes.GaussianNB、sklearn.naive_bayes.BernoulliNB 和 sklearn.naive_bayes.MultinomialNB。GaussianNB 可应用于任意连续数据；BernoulliNB 假定输入数据为二分类数据；MultinomialNB 假定输入数据为计数数据（即每个特征代表某个对象的整数计数）。其中，GaussianNB 主要用于高维度数据，而另外两种朴素贝叶斯分类器则广泛用于稀疏计数数据，如文本。

2. 算法流程

根据贝叶斯定理，朴素贝叶斯分类共包含以下三个步骤。

（1）统计样本数据，计算先验概率 $P(y)$ 和类条件概率 $P(x|y)$。

（2）根据待预测样本包含的特征，对不同类分别进行后验概率计算，得到不同类的 $P(y|x)$。

（3）比较（2）中得到的多个后验概率，取后验概率最大的类作为预测值输出。

3. 算法优缺点

朴素贝叶斯分类具有较好的理论基础，因此有许多优点：一是具有坚实的数学基础和稳定的分类效率；二是可以通过提供后验概率估计来量化预测中的不确定性；三是对小规模的数据表现得很好，能处理多分类任务，适合增量式训练（即可以实时地对新增的样本进行训练），尤其是数据量超出内存时，可以一批批地进行增量训练；四是对缺失数据不太敏感，算法也比较简单，常用于文本分类。

朴素贝叶斯分类器仍存在很多问题：一是此模型需要知道先验概率，且先验概率很多时候取决于假设，假设的模型可以有很多种，因此在某些时候会由于假设的先验模型导致预测效果不佳；二是假设数据集属性之间是相互独立的，然而这在很多实际情况中是难以满足的。

（三）决策树

1. 算法描述

决策树（decision tree）又称为判定树，是数据挖掘技术中的一种重要的分类与回归方法，它是一种以树结构（包括二叉树和多叉树）的形式来表达的预测分析模型。在分类问题中，决策树表示基于特征对实例进行分类的过程。它可以被认为是 if-then（如果-那么）规则的集合。Python 的第三方库 scikit-learn 中具备较成熟的函数：sklearn.tree.DecisionTreeClassifier。

如图 4.7 所示，决策树中有三种类型的节点：一是根节点，其没有传入连接，有零个或多个传出连接；二是内部节点，其中，每个节点只有一个传入连接，有两个或更多的传出连接；三是叶节点或终端节点，每个节点只有一个传入连接并且没有传出连接。使用决策树进行决策的过程就是从根节点开始，测试待分类项中相应的特征属性，并按照其值选择输出分支，直到到达叶节点，将叶节点存放的类别作为决策结果。

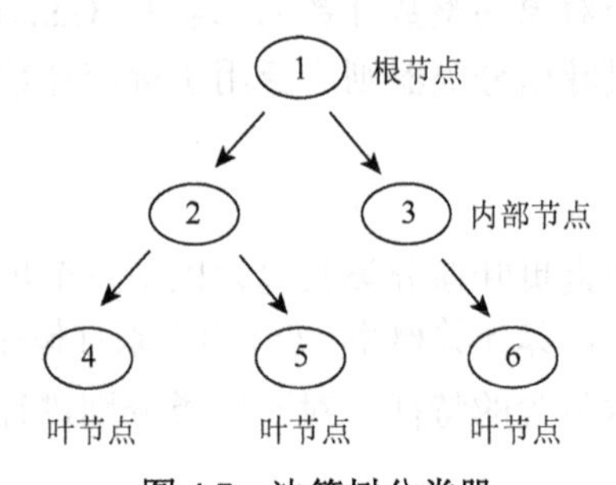

图 4.7　决策树分类器

决策树算法的核心是如何选择最优划分属性，这需要度量节点的不纯性，即度量共有节点的数据的类别标签的差异程度。常用的方法是计算熵和基尼系数，公式如下：

$$熵 = -\sum_{i=1}^{c} p_i(t)\log_2 p_i(t) \tag{4-31}$$

$$基尼系数 = 1 - \sum_{i=1}^{c} p_i(t)^2 \tag{4-32}$$

其中，$p_i(t)$为节点t属于类别i的训练样本的相对频率；c为类别的总个数。

熵的值越小，纯度越高，分类后的数据集信息熵会比分类前的小，其差值表示为信息增益，一般选择信息增益高的属性作为划分依据。基尼系数越小，纯度越高。在选择决策树中的特征时，同样应选择基尼指数增益值最大的特征，作为该节点的分裂条件。

决策树的发展经历了漫长的过程，第一个决策树算法是 CLS（concept learning system，概念学习系统），之后 ID3（iterative dichotomiser 3，迭代二叉树 3 代）的出现，使决策树受到关注，成为机器学习主流技术的算法，目前比较常用的决策树算法是 C4.5，此外，CART（classification and regression tree，分类回归树）既可以用于分类也可以用于回归任务。目前，基于决策树形成的集成算法——随机森林分类器被广泛使用。

2. *算法流程*

决策树算法的输入是一组具有属性和类别的训练数据，通过递归地选择最优属性对训练数据进行划分。具体步骤如下。

（1）构建根节点。将所有训练数据都放在根节点，选择一个最优特征，按照这一特征将训练数据集分割成子集，进入内部节点。

（2）所有子集按内部节点的属性递归地进行分割。

（3）如果这些子集已经能够被基本正确分类，那么构建叶节点，并将这些子集分到对应的叶节点去。

（4）每个子集都被分到叶节点上，即都有了明确的类，这样就生成了一棵决策树。

其中，递归划分步骤仅当下列条件之一成立时停止。

（1）给定节点的所有样本属于同一类，无须划分。

（2）没有剩余属性可以用来进一步划分样本，即属性集为空或者相同。在此情况下，使用多数表决。这涉及将给定的节点转换成叶节点，并用样本中的多数所在的类来标记它。

（3）当前节点包含的样本集合为空，不能划分。

此外，决策树算法容易过拟合，因此一般需要剪枝，缩小树的结构规模、缓解过拟合。剪枝技术有预剪枝和后剪枝两种。预剪枝是指及早停止树的生长；后剪枝是先构造树，但随后删除或折叠信息量很少的节点。

3. 算法优缺点

决策树算法作为一种基础的数据分析方法，有许多优点：一是决策树是非参数化方法，不需要设置参数并进行调优；二是该算法适用于各种各样的数据集，既可以处理离散值也可以处理连续值；三是基本不需要预处理，不需要对数据提前归一化、处理缺失值等；四是简单直观，生成的决策树很容易可视化，容易理解；五是可以处理多维度输出的分类问题。

决策树算法仍存在一些缺点：一是即使做了剪枝，决策树算法也非常容易过拟合，导致泛化能力不强；二是如果某些特征的样本比例过大，生成的决策树容易偏向于这些特征。

（四）随机森林分类

1. 算法描述

随机森林分类是一种集成算法，最早由 Breiman（布赖曼）提出，其可以较好地处理非平衡或缺失的数据，而且能够很好地预测几千个特征的数据，通过组合多个弱分类器，可以获得泛化能力和精确度均较高的模型。其取得较好精度的原因主要有两个：一是“随机”使其具备较好的抗过拟合能力；二是“森林”使结果能够更加准确。

随机森林分类的实质是通过组合多个相似的决策树来改进决策树算法。单棵树的准确度或许较低，但是可以根据随机产生的多棵决策树，统计这些树的分类结果，选择概率最高的类型作为最终的类型，得到较准确的结果。Python 的第三方库 scikit-learn 中具备较成熟的函数：sklearn.ensemble.RandomForestClassifier。

2. 算法流程

随机森林分类的原理主要是两个随机：样本随机和特征随机。其主要流程包括四步（图 4.8）。

（1）样本随机。假设原始数据集共有 M 个对象的数据，从样本数据中采取有放回的随机抽样的方法，每次都抽取 m 个样本，由于是有放回的抽取，有些数据可能被选中多次，有些数据可能不被选中，因此，每一次取出的样本不完全相同，这些样本组成了每棵决策树的训练数据集。

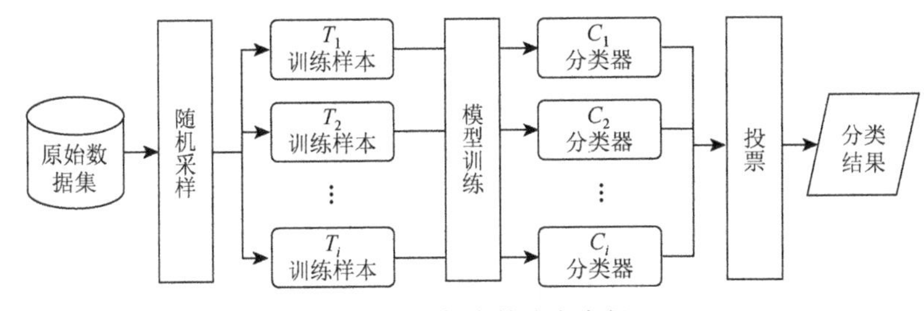

图 4.8　随机森林分类流程

（2）特征随机。假设每个样本数据都有 N 个特征，每次从所有特征中随机地选取 n（$n=\sqrt{N}$）个特征，之后从中选择最佳的分离属性作为特征节点来构建分类回归树。

（3）重复前面的步骤，建立 p 棵分类回归树，由于总体的随机性已经在前面的两个随机过程中得到了保证，因此，这些树都可以完全地成长且不被修剪，最终形成森林。

（4）根据多棵树的预测结果进行最终的投票判决，按照少数服从多数的原则，记录单棵树的分类结果中出现次数最多的类别，将其作为最终的分类类别。

3. 算法优缺点

随机森林分类主要有五个优点。一是模型准确率高：即便部分数据缺失，随机森林分类仍能够有较高的分类精度。二是不需要降维处理：因为每棵树的特征子集在选取时都是随机的，因此能够处理数量庞大的高维度特征，而不需要进行降维。三是可以对特征的重要性进行评估：能够生成树状结构，判断不同属性特征的重要性。四是对异常值和缺失值不敏感。五是随机森林有袋外（out of bag，OOB）数据：每一棵树训练时都有部分数据未参与训练，这些数据就是袋外数据，基于此特性不需要单独划分交叉验证集。

随机森林分类也存在一些缺点。一是对于维度非常高的稀疏数据（如文本数据），随机森林的表现不是很好；二是当随机森林中的决策树个数很多时，训练时需要的空间会比较大，时间会比较长；三是当样本集上的噪声很大时，随机森林的模型容易陷入过拟合。

（五）SVM

1. 算法描述

SVM 是一种判别分类器，用于学习属性空间中的线性和非线性决策边界来分离类。除了最大化两类的间隔以外，SVM 还提供了强大的正则化能力，即能够控制模型的复杂度以确保良好的泛化性能，从而避免过拟合现象的出现。SVM 仅使用训练实例最难分类的一个子集来表示决策边界，该子集称为支持向量（support vector）。Python 的第三方库 scikit-learn 中对其具备较成熟的函数：sklearn.svm.SVC。

SVM 主要有三个类别，分别是线性 SVM、软边缘 SVM 和非线性 SVM。如果存在能够完全分离数据集中类的超平面，则称此数据集线性可分，在这种情况下，使用线性 SVM 方法，在原空间寻找最大边缘分离超平面，即最优分离超平面。在线性不可分的情况下，使用一种软边缘（soft margin）的方法，即一种允许一定训练错误率的分离超平面，这种方法被称为软边缘 SVM，通过加入松弛变量进行分析，寻找一个联合最大化边缘和最小化松弛变量值的分离超平面，以确保良好的泛化性能和较低的训练错误率。

上述两类方法都是通过 SVM 的公式构建一个线性的决策边界，从而正确划分训练实例。但是在实际应用中，存在许多数据集无法直接通过线性边界划分的情况，此时就需要第三种方法——非线性 SVM，其基本原理是使用非线性映射将数据从原先的低维属性空间 x 中变换到一个新的高维属性空间 $\varphi(x)$ 中，使得变换后的数据为线性可分的，并通过线性超平面来划分数据集，最终将学习到的超平面投影到原始属性空间，从而产生非线性决策边界。在实际操作中，非线性 SVM 需要在变换空间使用 $\varphi(x)$ 的内积函数来实现，这可以通过使用满足 Mercer 定理所述条件的核函数来完成。核函数的使用为非线性决策边界提供了显著的优势，而且不受维度灾难的影响。常用的核函数有多项式核、径向基函数核，它们构造出了不同的 SVM 算法。其中，最常用的核函数是径向基函数核，其包含单个超参数 σ（径向基函数核的标准差）。

2. 算法流程

由于实际问题中很难直接使用直线直接分类数据，因此非线性 SVM（核 SVM）是比较常用的方法，其主要步骤如下。

（1）基于核函数，将原空间（非线性分类对应的空间）的数据映射到新空间（线性分类对应的空间）。

（2）假设现在存在一个分离超平面 $wx+b=0$ 可以把训练数据集完全分开，其中，w 为法向量，b 为截距，x 为自变量。

（3）寻找距离分离超平面最近的样本点，计算其间距 B。

（4）样本点到超平面的距离越大，分类的准确性越高，因此寻找使得距离 B 尽可能大的分离超平面，获得最佳分割超平面，即完成了分类。

3. 算法优缺点

SVM 的优点主要表现在以下几个方面。第一，根据统计学习理论基础选择的最大边缘分离超平面，使得模型具有较低的复杂度，因此也具备良好的泛化性能，不易出现过拟合。第二，SVM 学习问题是凸优化问题，其利用已知的有效算法发现的目标函数局部最优解为全局最优解。第三，核函数的成功应用，可以将非线性问题转化为线性问题求解，使得其拥有更强的处理多类问题的能力。第四，SVM 受不相关和冗余属性的影响较小，对大量不相关和冗余属性的存在具有鲁棒性。

SVM 算法仍然存在一些缺点：一是 SVM 算法在大规模训练样本中难以实施；二是经典的 SVM 算法只给出了二分类的算法，因此使用 SVM 算法解决多分类问题仍存在困难；三是 SVM 算法性能的优劣主要取决于核函数的选取，SVM 对参数和核函数的选择比较敏感。

（六）ANN

1. 算法描述

ANN 也称为神经网络或类神经网络，是模仿大脑的神经元网络结构特征将信息处理过程抽象为多层网络分布式处理的算法模型。ANN 自 20 世纪 80 年代就已经开始兴起，由于具有学习、联想、记忆和模式识别等智能信息处理功能，现在已普遍应用到各行各业。ANN 模型提供了一种强大的架构，可以代表特征的层次抽象，从较低的抽象层次（如边缘）到更高的层次（如面部组成部分），其能够提取丰富的特征集，从而产生良好的分类性能。

ANN 包含大量的神经元节点，可以从环境中接收结构化或非结构化数据进行学习，并将学习结果作为输出函数存储在节点中，经过对网络节点的合并，并调整各层网络的权值矩阵进行多层传递和输出，待权值收敛到一定程度，符合底层数据的输入-输出关系，结束学习过程。其中，比较简单的、常用的方法是多层感知机（multi-layer perceptron，MLP），它可以作为研究更复杂的深度学习方法的起点，MLP 也被称为（普通）前馈神经网络，有时也简称为神经网络。Python 的第三方库 scikit-learn 中对其具备较成熟的函数：sklearn.neural_network.MLPClassifier。

2. 算法结构

ANN 的通用架构如图 4.9 所示。各节点按照层排列，并以链的形式进行组织，每个层都在其前一层的输出结果上进行操作，通过这种方式，这些层表示以顺序方式应用于输入特征的不同抽象层次，并在最后一层输出最终结果，用于预测类别。

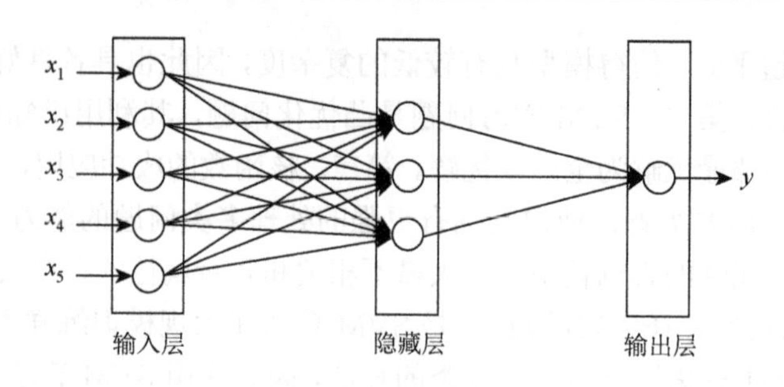

图 4.9 ANN 的通用架构

网络的第一层为输入层（input layer），表示输入属性。对于每个数值、二元属性或类别属性，通常由此层上的单个节点表示。这些输入进入称为隐藏层（hidden layer）的中间层中，隐藏层由称为隐藏节点的处理单元组成，一般包括多层。每个隐藏节点对从前一层的输入节点或隐藏节点接收到的信号进行操作，并产生传输到下一层的激活值。最后一层称为输出层（output layer），用来处理来自前一层的激活值，以产生输出变量的预测值。

为了让 ANN 模型真正比线性模型更为强大，在隐藏层中需要引入非线性函数——激活函数，常用的激活函数有 S 形（sigmoid）函数、正切双曲线（tangens hyperbolicus，tanh）和修正线性单元（rectified linear unit，ReLU）。

损失函数用来评价模型的预测值和真实值不一样的程度，损失函数越小，通常模型的性能越好。不同模型使用的损失函数一般也不一样。常用的损失函数主要有 0-1 损失函数、绝对值损失函数、log 对数损失函数、平方损失函数、指数损失函数、Hinge 损失函数、感知损失函数和交叉熵损失函数。

3. 算法优缺点

ANN 的优点主要体现在：第一，具有自学习、自适应能力，可以从大量数据中学习其特征，在环境发生变化时网络模型可以自动调整其参数，从而形成新的模型以适应新的预测。第二，对噪声有较强的容错能力。由于信息的存储和计算分布在网络中的神经元上，在出现部分信息丢失或损坏的情况时，网络模型仍能恢复出较为完整的信息，且具有较强的联想记忆功能。第三，具有高速并行处理问题的能力。采用并行处理方法，可以快速处理大量的数据，网络中神经元的信息传递速度也较快，可以快速找到复杂问题的优化解。

ANN 的不足主要在于：第一，其复杂性导致通常需要很长的时间进行模型的训练；第二，需要仔细地预处理数据，而且不能处理有缺失值的数据；第三，其训练过程是黑箱的，可解释性差。

二、聚类模型

聚类模型的种类多样，本节主要介绍三种简单但应用较广的聚类算法：K-means 算法、凝聚层次聚类、DBSCAN 算法。

（一）K-means 算法

1. 算法描述

K-means 算法是一种使用最广泛的聚类算法，用质心定义原型，其中，质心是每个簇的均值。它的主要思想是通过不断迭代，把数据集划分为不同的类别，使得评价聚类性能的目标函数达到最优，最终确定最佳的聚类方式。若 m 是样本点数，n 是属性数，I 是收敛所需要的迭代次数，K 是簇的数目，则算法的时间复杂度为 $O(I \times K \times m \times n)$，空间复杂度为 $O(m+K)n$。该算法在 Python 中提供了较为成熟的函数 sklearn.cluster.KMeans。

2. 算法流程

K-means 算法包括四个步骤，具体如下。

（1）选择 K 个样本作为初始聚类质心 $a = a_1, a_2, \cdots, a_K$。

（2）针对数据集中每个样本 x_i，计算它到 K 个聚类质心的距离，通常使用欧几里得距离或者余弦相似度，并将其分配到距离最小的聚类质心所对应的类中，形成 K 个簇 $C = C_1, C_2, \cdots, C_K$。

（3）针对每个簇 C_j，重新计算它的聚类质心 $a_j = \frac{1}{m_j}\sum_{x \in C_j} x$，即每个簇的均值，其中，$m_j$ 为簇 C_j 中对象的个数。

（4）重复上述（2）、（3）两个步骤，直到质心不再发生变化。

3. 优点与缺点

K-means 算法被广泛应用，它有许多优点：一是算法思想简单，收敛速度快；二是对凸形类簇的聚类效果较优；三是主要需要调整的参数仅是簇数 K，参数少；四是算法的可解释性比较强。

虽然其算法简单，但也存在很多缺点：一是由于需要自主定义簇的数目，因此 K 值的选取不好把握；二是对初始的簇中心敏感，不同选取方式会得到不同结果；三是采用迭代方法，聚类结果往往收敛于局部最优而得不到全局最优解；四是对于非球形簇，不同尺寸和不同密度的簇效果较差；五是易受噪声、边缘点、孤立点的影响；六是可处理的数据类型有限，对于高维数据对象的聚类效果不佳。

（二）凝聚层次聚类

1. 算法描述

凝聚层次聚类是一种自底向上的策略，首先将每个对象作为一个簇，其次相继合并最接近的两个簇为越来越大的簇，直到都合并在一个簇中，或者某个终结条件被满足，绝大多数层次聚类方法属于这一类，它们只是在簇间相似度的定义上有所不同。凝聚层次聚类的时间复杂度和空间复杂度都较高，具体地，总时间复杂度为$O(m^2 \log m)$，总空间复杂度为$O(m^2)$。该算法在 Python 中提供了较为成熟的函数：sklearn.cluster.AgglomerativeClustering。

凝聚层次聚类中最关键的就是需要明确簇之间邻近度的计算方法，簇的邻近度通常用特定的簇类型定义，许多凝聚层次聚类技术都源于簇的基于图的观点。邻近度的计算方法主要有以下几种。

（1）MIN（单链）。簇的邻近度为不同簇的两个最近的点之间的邻近度，使用图的术语表达为不同的节点子集中两个节点之间的最短边。

（2）MAX（全链）。簇的邻近度为不同簇的两个最远的点之间的邻近度，使用图的术语表达为不同的节点子集中两个节点之间的最长边。

（3）组平均。簇的邻近度为不同簇的所有点对的邻近度的平均值，使用图的术语表达为不同的节点子集中所有点对之间的平均边长。

（4）Ward 方法。簇的邻近度为两个簇合并时导致的平方误差的增量（最小）。

（5）质心方法。簇的邻近度为不同簇的质心之间的距离。

2. 算法流程

如图 4.10 所示，凝聚层次聚类包括以下四个步骤。

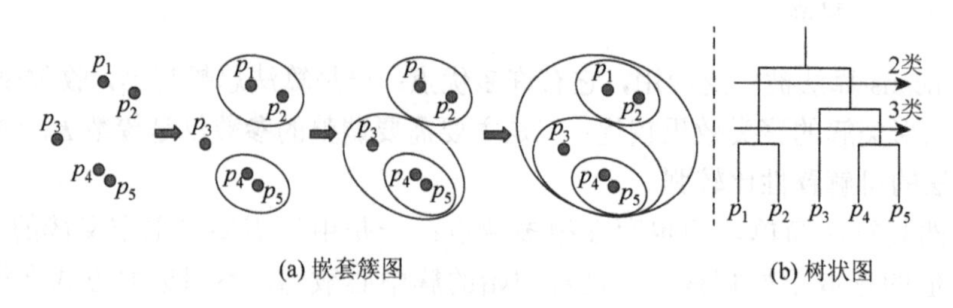

(a) 嵌套簇图　　(b) 树状图

图 4.10　凝聚层次聚类

（1）将每个对象都看作一个簇。

（2）计算每两个簇之间的距离，将距离最近的或最相似的两个簇进行合并，如图 4.10 中的 p_1 和 p_2、 p_4 和 p_5。

（3）重复第（2）步，依旧计算每两个簇之间的距离，但是因为已经存在聚合起来的簇了，因此距离的计算方式有多种：单链、全链、组平均、Ward 方法和质心方法。

（4）直到满足设置的终止条件，如得到的当前聚类数是合并前聚类数的 10%，即 90%的聚类都被合并了，或者仅剩下一个簇。此时需要几个簇，那么就可以用一条横线截取分出的簇，如图 4.10 分出 2 类、3 类的横线截取。

3. 优点与缺点

凝聚层次聚类定义简单明确，有许多优点：一是距离和规则的相似度容易定义，限制较少；二是不需要预先确定聚类数，可以根据聚类过程灵活确定最终的聚类数目；三是可以发现类的层次关系。

此方法仍有许多缺点：一是由于时间和空间复杂度都较高，因此其计算效率较低，不适合数据量较大的情况；二是缺乏全局的目标函数，只在每一步确定局部的最优合并规则；三是异常值、离群点等会对聚类结果产生很大的影响，尤其是在基于 Ward 方法和质心方法计算距离时；四是由于根据距离来聚合数据，算法很可能会聚类成链状簇。

（三）DBSCAN 算法

1. 算法描述

DBSCAN 是一个比较有代表性的基于密度的聚类算法。与划分和层次聚类方法不同，它将簇定义为密度相连的点的最大集合，能够把具有足够高密度的区域划分为簇，这些高密度区域通常被低密度区域分离，并可在噪声的空间数据库中发现任意形状的聚类，它将簇定义为密度相连的点的最大集合。

DBSCAN 是基于中心的方法，它有两个重要的参数：Eps 和 MinPts。Eps 是数据聚类时的半径大小，MinPts 是指定的数据点数目。数据集中特定点的密度通过对该点 Eps 半径内的点计数来估计。根据上述参数，可以将数据点分为以下三类。

（1）核心点（core point）。这些点在基于密度的簇内部。如果在距离该点 Eps 的范围内至少有 MinPts 个点，则该点为核心点。

（2）边界点（border point）。边界点不是核心点，但是它落在某个核心点的邻域内。边界点可能落在多个核心点的邻域内。

（3）噪声点（noise point）。噪声点是既非核心点也非边界点的其他点。

在 DBSCAN 算法中，若 m 是数据点的个数，则其基本时间复杂度为 $O(m \times$ 找出 Eps 邻域中的点需要的时间$)$，在最坏的情况下，时间复杂度为 $O(m^2)$，在低维空间中，其平均时间复杂度可以降低为 $O(m\log m)$。此外，其空间复杂度为 $O(m)$。该算法在 Python 中提供了较为成熟的函数：sklearn.cluster.DBSCAN。

2. 算法流程

DBSCAN 算法主要包括以下四个步骤。

（1）从任选一个未被访问的点开始，找出与其距离在 Eps 之内（包括 Eps）的所有的点。

（2）如果距离在 Eps 之内的数据点个数大于或等于 MinPts，则这个点被标记为核心点，被分配一个新的簇标签，并且起始点被标记为已访问。然后递归，以相同的方法处理该簇内所有未被标记为已访问的点，从而对簇进行扩展，直到在簇的 Eps 距离内没有更多的核心点为止。

（3）如果距起始点的距离在 Eps 之内的数据点个数小于 MinPts，那么这个点被标记为噪声点。

（4）如果簇充分地被扩展，即簇内的所有点被标记为已访问，然后用同样的算法去处理未被访问的点，直到所有点都被处理。

3. 优点与缺点

DBSCAN 算法与 K-means 算法的原理不同，它是基于密度来定义簇的，因此主要具有以下优点：一是能够较好地识别出噪声点，排除噪声点对聚类结果的影响；二是 DBSCAN 算法可以发现任意形状和大小的簇，而 K-means 算法只适用于凸数据集；三是不需要预先设定要形成的簇的数量；四是 DBSCAN 算法对于数据库中样本的顺序不敏感。

此算法克服了许多 K-means 算法的缺点，但其自身仍旧存在一些缺点：一是需要设置 Eps 和 MinPts，这两个参数对于聚类结果有较大影响；二是当样本集的密度不均匀、聚类间距差相差很大时，聚类质量较差；三是由于高维数据很难定义密度，因此不能很好地对高维数据聚类。

三、关联分析模型

关联分析模型有多种算法，本节主要介绍其中两种应用广泛的算法：Apriori 算法和 FP 增长算法。

（一）Apriori 算法

1. 算法描述

Apriori 算法是挖掘产生布尔关联规则所需频繁项集的基本算法，也是最著名的关联规则挖掘算法之一。Apriori 算法是一种逐层发现算法，根据有关频繁项集特性的先验原理而命名。先验原理是指如果一个项集是频繁的，则它的所有子集一定也是频繁的，如果项集是非频繁的，则它的所有超集也一定是非频繁的。利用这一性质，基于支持度度量修剪指数搜索空间的策略称为基于支持度的剪枝，Apriori 算法就利用了这一技术，成功地控制候选项集的指数增长。其核心是基于两阶段频集思想的递推算法，该关联规则在分类上属于单维、单层、布尔关联规则。

该算法的基本思想是：首先找出所有的频繁项集，这些项集出现的频繁性至少和预定义的最小支持度一样；其次由频繁项集产生强关联规则，这些规则必须满足最小支持度和最小置信度；最后使用第一步找到的频繁项集产生期望的规则，产生只包含集合的项的所有规则。一旦这些规则被生成，那么只有那些大于用户给定的最小可信度的规则才被留下来。为了生成所有频繁项集，算法使用了递归的方法。Python 的扩展库 Mlxtend 中对其具备较成熟的函数：mlxtend.frequent_patterns.apriori（寻找频繁项集）和 mlxtend.frequent_patterns.association_rules（产生强关联规则）。

Apriori 算法广泛应用于各个领域，对数据的关联性进行了分析和挖掘，挖掘出的这些信息在决策制定过程中具有重要的参考价值。Apriori 算法应用于商业中，在消费市场价格分析中，它能够很快地求出各种产品之间的价格关系和它们之间的影响。Apriori 算法应用于网络安全领域，如网络入侵检测技术，可以快速地发现用户的行为模式，快速地锁定攻击者，提高了基于关联规则的入侵检测系统的检测性。在地球科学数据分析中，关联模式可以揭示海洋、陆地和大气过程之间的有意义的关系。

2. 算法流程

Apriori 算法主要包括以下五步。

（1）初始时，每个项都被看作长度为 1 的候选项集（1-项集），计算每个项的支持度，滤去非频繁项集得到长度为 1 的频繁项集的集合。

（2）根据上一步的结果，迭代得到长度为 $k-1$ 的频繁项集的集合，在此基础上，产生长度为 k 的候选项集。

（3）在长度为 k 的候选项集中，除去 $(k-1)$-项集中的非频繁项集。

（4）在当前获得的长度为 k 的候选项集中，计算支持度，得到所有频繁项集的集合。

（5）重复上述（2）～（4）步，直到没有新的候选项集可以产生。

3. 算法优缺点

Apriori 算法作为经典的关联规则挖掘算法，具有显著的优点：一是可以产生相对较小的候选项集，控制了候选项集的指数增长；二是采用了逐层搜索的迭代方法，算法简单明了，没有复杂的理论推导，也易于实现。

Apriori 算法作为第一个关联规则挖掘算法，它也有一些缺点：一是对数据库的扫描次数过多，效率较低；二是会产生大量的中间项集；三是采用唯一支持度，没有考虑各个属性重要程度的不同；四是算法的适应面窄。

（二）FP 增长算法

1. 算法描述

FP 增长（frequent pattern growth，频繁模式增长）算法是一种不需要产生候选项集的挖掘算法，是自底向上式进行的探索树，不同于 Apriori 算法的"产生-测试"范型，它使用了一种称作 FP-树（FP-tree）的紧凑数据结构组织数据，再直接从这个结构中提取频繁项集。FP-树是一种输入数据的压缩表示，它通过逐个读入事务，并把每个事务映射到 FP-树中的一条路径来构造。由于不同的事务可能会有若干个相同的项，因此它们的路径可能部分重叠。越多的路径相互重叠，使用 FP-树结构获得的压缩效果越好。如果 FP-树足够小，能够存放在内存中，就可以直接从这个内存中的结构提取频繁项集，而不必重复地扫描存放在硬盘上的数据。如果 FP-树大到无法完全保存在内存中，可以采用分区投影的方法，将大的数据库分区成几个小的数据库，并分别运行 FP 增长算法。FP-树还包含一个连接具有相同项的节点的指针列表，有助于方便快速地访问树中的项。

FP 增长算法采用分治策略将一个问题分解为较小的子问题，从而发现以某个特定后缀结尾的所有频繁项集。通过合并这些子问题得到的结果，就能得到所有频繁项集构成的集合。这种分治策略是 FP 增长算法采用的关键策略。Python 的扩展库 Mlxtend 中对其具备较成熟的函数：mlxtend.frequent_patterns.fpgrowth（寻找频繁项集）和 mlxtend.frequent_patterns.association_rules（产生强关联规则）。

FP 增长算法中有几个重要的概念。

（1）FP-树：将事务数据表中的各个事务数据项按照支持度排序后，把每个事务中的数据项按降序依次插入一棵以 NULL 为根节点的树中，同时在每个节点处记录该节点出现的支持度。

（2）前缀路径：以根节点为起点，以某个元素为结尾的所有路径。

（3）条件模式基：包含 FP-树中与后缀模式一起出现的前缀路径的集合。

（4）条件 FP-树：将条件模式基按照 FP-树的构造原则形成的一个新的 FP-树。

2. 算法流程

FP 增长算法主要包括以下五步。

（1）扫描数据集，确定每个项的支持度计数，丢弃非频繁项，将数据集中每个事务的频繁项按照支持度递减排序。

（2）构造 FP-树，从一个空的根节点开始，将（1）中的数据集按行依次加入树中，根据每一行中的元素按顺序查找节点，节点已存在时可共用节点，节点的计数需要增加。如果不存在对应节点，则创建新节点，计数为 1。

（3）在 FP-树中找到所有元素的前缀路径。

（4）对每一个频繁项构造条件 FP-树。前缀路径可以看作一个数据集，统计各元素的支持度计数，与（1）类似，保留频繁项，并基于此构造条件 FP-树。

（5）递归构造下一层条件 FP-树，直至条件 FP-树为空。

3. 算法优缺点

FP 增长算法的优点如下：一是计算速度快，可比标准的 Apriori 算法快几个数量级，这是其最明显的优点；二是可以寻根溯源；三是时间和空间复杂度都低于 Apriori 算法。

FP 增长算法仍存在缺点。一是运行性能依赖于数据集的压缩因子，如果生成的条件 FP-树非常茂盛，算法性能会显著下降；二是对于海量数据集，时空复杂度仍然很高。

四、时间序列预测模型

时间序列预测模型有多种算法，本节主要介绍其中两种应用广泛的算法：ARIMA 模型和 SARIMAX 模型。

（一）ARIMA 模型

1. 算法描述

该模型适用于有趋势且无季节性成分的单变量时间序列。ARIMA 模型的基本思想是利用数据本身的历史信息来预测未来。ARIMA 模型结合了 AR 和 MA 模型以及序列的差分预处理步骤，使序列平稳。Python 中具备较成熟的函数：statsmodels.tsa.arima.model.ARIMA。

2. 算法流程

ARIMA 模型主要包括以下五步。

（1）观察时序的平稳性和随机性。

（2）选择具体的模型。

（3）拟合模型。

（4）根据选定模型进行预测。

（5）模型评价。

3. 算法优缺点

ARIMA 模型的优点是模型十分简单，只需要内生变量而不需要借助其他外生变量。ARIMA 模型的主要缺点如下：一是要求时序数据是稳定的，或者是通过差分化后是稳定的；二是本质上只能捕捉线性关系，而不能捕捉非线性关系。

（二）SARIMAX 模型

1. 算法描述

该模型适用于具有趋势且/或季节性成分以及外生变量的单变量时间序列。SARIMAX 模型是 SARIMA 模型的扩展，其中还包括外生变量的建模。外生变量也称为协变量，可以被认为是并行输入序列，它们在与原始序列相同的时间步长中进行观察。初级序列可被称为内源数据，以将其与外源序列进行对比。外生变量的观测值在每个时间不直接包含在模型中，并且不以与主要内生序列相同的方式建模（如作为 AR、MA 等过程）。Python 中具备较成熟的函数：statsmodels.tsa.statespace.sarimax.SARIMAX。

2. 算法流程

SARIMAX 模型主要包括以下六步。

（1）处理时序数据。

（2）检验时序数据的平稳性。

（3）将时序数据平稳化。

（4）拟合模型。

（5）应用SARIMAX模型对时序数据进行预测。
（6）模型评价。

3. 算法优缺点

SARIMAX模型的优点是考虑了季节等外生因素，具有较强的适应性和预测能力，可进行长期预测，并具有较强的解释性。其主要缺点是对数据的平稳性要求较高，对异常值敏感，且需要较长时间序列的数据，此外，外生变量的数据量较大时，计算复杂度较高。

第三节　数据处理技术在研究生教育领域的应用

研究生教育大数据处理是在海量数据的基础上，通过合适的数据处理和挖掘技术建立模型，探寻蕴藏在数据中的客观规律和价值。利用数据分析及建模方法可以表征教育要素、探索各要素之间的关系及影响、发现运行规律、预测发展趋势，从而辅助实现更科学的决策和更精准的管理。

Kalota[①]总结了目前大数据分析领域内常用的方法，包括基本统计程序、信息可视化、分类器、聚类分析和关联规则挖掘。Gandomi和Haider[②]则根据大数据的来源将目前的分析方法分为文本分析、音频分析、视频分析、社交媒体分析和预测分析。Manyika等[③]提出大数据分析的方法技术，包括A/B测试、关联规则学习、分类、聚类分析、数据融合和数据整合、集成学习、遗传算法、机器学习、自然语言处理、神经网络、网络分析、模式识别、预测建模、回归、情感分析、信号处理、空间分析、统计学、监督和无监督学习、模拟、时间序列分析和可视化。总体而言，大数据处理技术包括聚类分析、数据融合和数据整合、遗传算法、机器学习、自然语言处理、模式识别、社会网络分析、关联规则分析、预测建模、分类、回归分析、文本挖掘、可视化等[④]。随着信息技术的快速发展，当前的方法技术会随着数据形态的演进以及社会需求的变化而不断创新发展。

研究生教育领域常用的大数据处理技术主要包括分类、聚类、关联分析、预测分析、异常监测、文本挖掘等。各类技术的算法和应用场景如表4.5所示。

---

① Kalota F. Applications of big data in education[J]. World Academy of Science，Engineering and Technology International Journal of Educational and Pedagagogical Sciences，2015，9（5）：1607-1612.

② Gandomi A，Haider M. Beyond the hype：big data concepts，methods，and analytics[J]. International Journal of Information Management，2015，35（2）：137-144.

③ Manyika J，Chui M，Brown B，et al. Big data：the next frontier for innovation，competition，and productivity [EB/OL]. https://www.mckinsey.com/capabilities/mckinsey-digital/our-insights/big-data-the-next-frontier-for-innovation[2024-01-19].

④ 陆根书，李珍艳，王玺. 大数据分析在研究生教育质量评价中的应用探析[J]. 北京航空航天大学学报（社会科学版），2020，33（3）：118-125.

表 4.5 研究生教育大数据处理技术

类别	算法	应用场景
分类	决策树、朴素贝叶斯分类、SVM 等	根据类别特征，对新数据进行分类。根据教育成果涉及的研究领域将成果划分到对应的学科中
聚类	K-means、基于层次的聚类、基于密度的聚类、基于网络的聚类等	综合利用研究生的学习科研等各方面数据，将研究生聚类为若干类型的学生群，发现不同类型群体的特征
关联分析	关联规则、因果关系挖掘等	将教育数据与经济社会的特征数据相关联，分析多因素之间的联动关系，探究教育与产业及地区发展的互动影响
预测分析	回归分析、时间序列分析等	利用研究生科研能力发展相关数据建立回归模型，分析科研能力的影响因素，从而预测研究生的科研能力发展趋势
异常监测	离群值监测等	结合研究生的学习成绩、科研成果、开题中期进度等对难以按时毕业的研究生进行监测预警
文本挖掘	Doc2Vec 等	通过对高校互联网数据的情感语义分析，识别蕴含其中的情感倾向以及情感倾向程度，从而了解高校教育质量相关情况

一、分类

分类是在研究生教育领域经常会应用到的处理技术，分类首先会对类别进行定义，根据数据的特征将对象划分到不同类别中。常用的分类算法有决策树、KNN、随机森林分类、朴素贝叶斯分类、SVM、ANN 等。

分类算法在研究生教育领域的应用非常普遍，涉及学校、学科、学生等多种主体。以学科分类为例，大部分研究生教育大数据没有学科标签，而是从海量的大数据中对学科相关数据进行智能提取、判别和分类，这是制约实现学科常态监测的一项难题。通过研究学科智能分类算法模型，以支撑将相关成果按学科（学科群）进行科学分类，将有效解决成果数据在学科之间进行科学分配的问题。在新时代强调多维分类评价的背景下，通过构建高校分类算法模型，充分体现不同高校的类型、定位、发展阶段和特色，可以更有效地反映不同高校在不同层次、不同领域各展所长、发挥特色的情况，为实现个性化诊断分析、促进各高校分类发展提供条件支撑。

分类算法大多数是“有监督”的机器学习算法（也有无监督的分类算法，但是常用的分类算法一般是有监督的），“有监督”是指必须预先准备一定量的打上分类标签的训练数据（称为“训练集”），让算法模型进行学习后，才能够将未知的数据（称为“测试集”）输入模型进行分类和预测。

稳定研究生就业是稳发展、促经济的关键一环，是研究生教育治理中需要重点关注的指标，分析研究生就业的影响因素可以为提高研究生教育质量、促进研究生就业提供有效辅助信息，为研究生教育治理提供有力依据。

构建一个学生就业情况的分类模型，需要从以下四个方面开展：一是需要采集毕业后失业及正常就业的学生数据；二是根据学生数据构建指标评价体系；三是将指标输入模型进行训练；四是将需要分类的在读学生数据输入模型进行分类，预测其能否正常就业。

（一）采集数据

采集数据时不应该只关注学生的最终成绩，更应该关注过程性数据，即学生在学期间的学习、生活数据；同时要采集结果性数据，即就业信息数据。过程性学习数据主要包括课程设置情况，学生上课的出勤率、活跃度、课堂积极性，随堂作业完成度，期末考试成绩等；过程性生活数据主要包括一卡通的信息，如学生吃饭时间、去图书馆的频率等，反映学生在校期间的培养过程。结果性数据主要是学生有无就业、就业类型、就业单位性质、就业地区分布和就业产业分布等。

（二）构建指标体系

梳理采集的数据，形成两级的指标体系。使用层次分析法、德尔菲法等确定各指标的权重系数。由于不同指标的取值范围差异较大，因此在综合使用各项指标时，需要先进行数据的归一化，确保数据在训练时不受自身取值范围的影响，最终整理形成$M \times N$的二维表格，其中，每行为一个特征向量（一位学生），共有M个特征向量，即样本数量为M位学生；每列为一个指标，即指标项总量为N。

（三）模型训练

根据指标体系和就业结果的对应关系，给每条数据（每位学生）打标签，假设正常就业为1，失业为0，此时，分类模型的样本已准备完成，需要进行模型训练，模型训练是指通过样本数据确定分类模型的各项参数，构建样本数据的指标与结果间的关系，用于后续分类。

（四）模型分类

根据训练好的模型，输入在读学生的各项指标数据，通过指标数据提取指标特征，分类确定在读学生的就业情况。其中，硬分类模型可以给出1（正常就业）或0（失业）的结果，但是软分类可以给出0～1的概率值，为后续的分析提供更有价值的数据支撑，因此软分类得到了越来越广泛的应用。根据分类的结果，可以建立学生培养过程性数据与就业情况的关系，为未毕业学生提供指导意见，尽量减少毕业后失业情况的出现。

二、聚类

聚类算法的目的也是将样本分类，但是和分类算法不同的是，聚类算法是一种“无监督”的机器学习算法，也就是说并没有打好标签的训练数据供算法模型进行学习，而是直接对目标数据按照一定规则进行分组，使得组内的对象是相似的，而不同组的对象是不同的。组内相似性越大，组间差别越大，聚类的效果就越好。常用的聚类算法有 K-means、凝聚层次聚类、DBSCAN 等。

聚类算法常常用在分类规则尚未清晰的新业务上，对数据进行探索，在聚类完成后，业务人员再去分析并理解数据，解释每一组的特点与其他组的不同，并为后续的分析奠定基础。

在研究生教学中，可以应用聚类技术分析学生特征。例如，国家智慧教育公共服务平台上线了一个新的混合式在线课程，既有线上视频课程，又有直播课程，与以往的项目完全不同。对于这样的课程，学生的学习行为有什么特点、可以将学生分为几类，并没有历史经验可以参考，这时就可以用聚类算法，将学生的相关基本信息、行为信息等输入算法模型中，让算法模型产生学生分组，再分析每一组学生有什么典型特征，并针对性地优化产品和教学服务。

在研究生教育管理中，也可以应用聚类技术。例如，教育管理部门想了解全国各研究生授权点高校的发展阶段，为后期的授权点调整提供依据。目前，没有一个统一的标准能够明确定义不同发展阶段类型的特征情况，即没有先验知识，此时就可以使用聚类算法，聚类算法可以分三步进行。

（1）设计每个授权点的导师人数、导师结构、学生培养情况、科研产出、社会贡献服务情况等多项指标。

（2）采集指标计算需要的数据。

（3）将数据输入算法模型中进行聚类分析，产生多个聚类簇，即多个发展阶段，分析不同发展阶段的特征，并针对性地调整授权点。

根据聚类结果，确定不同发展阶段分别为起步期、上升期、平稳期、下降期、衰落期，对不同阶段的授权点，教育管理部门应当进行适当的监督与干预。对于起步期的授权点，应该参照上升期授权点的特征，继续优化各项指标的数据，同时仔细研究下降期和衰落期授权点的特征，避免走上这条道路；对于上升期的授权点，要研究自身和下降期、衰落期授权点的特点，保持目前的特征并积极进步，谨防走向下坡；对于平稳期的授权点，要研究下降期的特点，谨防走向下坡；对于下降期的授权点，要仔细研究衰落期的特点，避免逐渐走向衰落，向上升期的授权点学习；对于衰落期的授权点，要给予预警，并试图扭转授权点现状，如果继续发展下去，可考虑撤销此授权点。

三、关联分析

关联分析是从多因素数据集中发现变量或因素之间的关联关系。关联分析已经普遍应用在研究生教育领域的各类场景中，个性化推荐、关联互动分析等都是关联分析的典型应用。

个性化推荐为个性化学习提供条件基础。教育资源平台积累了大量的课程资源，为了给每位研究生推荐最合适的学习课程，需要采集、汇聚学生在课程平台上的各类操作行为数据，结合学生的基本信息，分析学生关注的知识点、学生的学习能力和水平，从而将知识体系中适合该学生学习的课程资源定向推荐给学生，满足学生的学习兴趣和学习需求。

关联互动分析为跳出教育看教育提供现实路径。随着新时代新思想的发展，教育管理不能仅局限于教育系统内部，还应关注教育与外部之间的关系，包括教育、科技、人才三位一体的关联发展，也包括教育产业互动发展等。研究生教育的人才培养需要与国家发展战略、地区产业规划等紧密结合。将人才培养规模、科研成果产出与经济科技相关指标建立关联关系，可以有效了解教育对于经济社会发展的贡献和促进作用。

在研究生教育管理中，关联分析也可以应用在学科建设与发展上。随着知识的融合运用，各学科间的交叉研究越来越普遍，也越来越有效，2022 年发布的《研究生教育学科专业目录（2022 年）》就新设立了交叉学科的学科目录，足可见学科交叉的重要性。如何发现哪些学科适合做交叉研究？学科的交叉研究已经发展到什么程度？关联分析的方法可以尝试回答这些问题，主要步骤如下。

（1）一是收集至少两个学科联合发表的科研成果，包括文章、专利、报告等；二是收集至少两个学科联合申请的科研项目信息，如自然科学基金、社会科学基金、重大专项等项目的申请人信息。

（2）拆解收集到的信息，发现其中的频繁项集和关联规则，即哪些学科出现频率最高，以及各学科之间的关联性情况。

通过分析各学科的关联性，可以为交叉学科的设置提供参考依据，确保交叉学科设置的有效性。此外，确定各学科的关联规则之后，还可以分析学科的跨越距离，例如，两个具有关联规则的学科是不同学校的，则学科的跨越距离更远，即交叉性更强，则需要优先设置这些交叉学科。

四、预测分析

预测分析主要采用的方法为回归分析，通过拟合回归方程对自变量和因变量之间的关系进行建模，并利用回归模型对因变量的结果进行预测。运用回归分析的预测分析首先要明确我们需要预测的指标，其次找到可能影响该指标的主要因素，从而分析各因素的影响关系。预测分析模型的效果主要取决于是否可以找到影响因素的量化表示。除了回归分析，时间序列、决策树、神经网络等方法技术也可以用于进行预测分析。因此，在选择分析方法时，可以尝试多种方法进行试验对比。

预测分析可以应用在研究生教育领域的很多场景，如通过构建学生画像的方式，了解学生的价值取向、兴趣偏好、学习能力、生活规律、行为习惯等若干信息，预测学生的各项指标。一是可以结合学生的消费数据、行为轨迹、社交关系、家庭情况、生活规律等多项指标，挖掘分析经济困难的学生，进行贫困预测，助力国家的贫困生补助精准发放，防止出现瞒报、虚报等情形；二是可以参考学生的学习努力程度、生活规律性、前置课程掌握情况、同类课程往届学生学习特征等数据，预测学生当前学期的学习情况，对于挂科概率较高的科目提前预警，提醒辅导员和任课教师帮助学业困难学生，提升教学质量，降低挂科率；三是可以分析学生在校期间产生的全部数据，强化部分重点特征类型，如家庭背景、学习实践、图书借阅等，预测学生四个毕业去向（出国、读研、就业、失业）的概率，若失业可能性较高，可提醒辅导员和学生本人，督促其补齐短板，降低失业概率；四是可以依据学生在校出行记录，判断学生的朋友关系，对经常独来独往的学生予以重点关注，并将学生的朋友关系、心理测评结果、心理咨询记录、家庭背景、上网行为、生活规律等作为大类特征簇，预测学生是否有抑郁易感倾向，若存在抑郁可能性，提醒辅导员、家长多开导学生，提醒学生自身注意加强心理健康建设；五是利用大量的研究生科研经历及能力发展相关数据建立回归模型，分析科研能力的影响因素，从而预测研究生的科研能力发展趋势。

研究生教育大数据的预测也可以应用于研究生教育治理中，如基于预测分析的方法，可以基于授权点的现有状况与发展趋势，预测将来可能进入的发展阶段。通过时序算法对授权点的时间序列数据进行处理，一个时间序列变量 y 可看作时间 t 的函数，即 $y=F(t)$，时序算法要解决的问题有两个：首先是对时间序列建模，分析时间序列的特点，了解其影响因素；其次是利用时间序列进行预测，预测该序列中的变量可能出现的数值，如根据高校自主设置的学科变化情况，可以预测未来学科领域可能处于的发展阶段（起步期、上升期、平稳期、下降期、衰落期）。

五、异常监测

异常值也被称为离群值、新奇、噪声、偏差和例外。异常监测是从数据中识别出不符合常见规律、呈现异常状态的样本。通过寻找和识别异常值，可以帮助发现潜在的问题和特殊的规律。异常监测已经在很多领域得到了广泛应用，如银行、制造业等。在研究生教育领域，基于大数据的异常监测可以及时发现研究生在学业和生活中遇到的问题和困难，对于提升教学质量、提高研究生教育管理能力有重要意义。

在提升教学质量方面有很多方法。例如，收集同一班级或学科学生的出勤率、课堂参与互动量、作业完成情况等大数据，提取数据中的异常值，对于出勤率极低、课堂参与互动量极少、作业完成情况极差的学生进行前期干预，阻断学生挂科的可能性，提高教学效率。又如，根据收集的学生课堂数据，监测课程离群值，分析教师课程的受欢迎程度，对于极受欢迎的课程，可以请相关课程老师分享课程准备与讲授经验；对于极不受欢迎的课程，相关老师应积极反思，改进课程设置方案，调整上课方式与节奏，提高课程水平。

在提高研究生教育管理能力方面，可以开展多方面的探索。一是根据学生的学位平均攻读时间数据，计算异常值，筛选出攻读时间过长的授权点，分析其攻读时间过长的原因，如果该授权点的培养质量较低，导致学生难以达到学位授予要求、难以按时毕业，则需要提前预警、加强干预。对于攻读时间过长情况特别严重的授权点，可以要求授权点限期整改，甚至调整撤销授权点。二是根据毕业生去向落实情况数据，筛选出待业率过高的学科，分析其是否符合就业市场需求、地区发展特色，为学科布局的调整提供基础。三是收集研究生与导师的生师比数据，通过计算得出生师比过高或过低的地区、学校、学科、授权点等并分析异常情况，由于一名导师的精力有限，生师比过高会影响教学质量，但生师比过低又会造成资源浪费，因此生师比异常监测对于指导研究生教育具有重要意义。四是对研究生论文抽检合格率进行预警，对于连续多年抽检合格率较低的高校，给予高度重视，排查原因，协助整改；对于多年保持抽检合格率较高的高校，可以请它们分享教育教学经验，助力研究生教育质量全面提高。

六、文本挖掘

文本挖掘是指通过对文本语言的分析从文本数据中提取出有价值的信息。文本挖掘是非结构化数据处理的重要手段之一。这里的文本数据包括文档、句子、短语、词汇等。常用的文本挖掘方法有特征词提取、文本分类、文本聚类、语义分析、情感分析等。文本挖掘的过程包括文本预处理、文本特征提取、文本表示、知识挖掘等。

研究生教育领域中有多种多样的文本数据，挖掘其中蕴含的价值对提升教育管理、服务和决策水平都具有重要的意义。例如，学术论文题录信息中包含论文的题目、研究方向、关键词、资助项目等，从海量的学术论文中提取学科领域关键词，可以构建学科与知识的网络图谱，发现研究热点和趋势。学位论文相关数据中不仅有题目、研究方向、关键词等信息，还有论文摘要、论文全文、论文参考文献等信息量丰富的信息。从学位论文的摘要等信息中可以提取出学位论文的创新性相关信息，从参考文献等信息中可以提取出学位论文的引文关系，为论文的创新性评价和质量控制提供新路径。

第五章　研究生教育大数据处理及分析实例

在研究生教育管理实践中，要紧密结合实际业务场景需求，充分利用文本挖掘、分类、聚类、关联分析、预测分析等多种大数据处理技术，探究多元教育主体的表征样态、潜在特征、演化规律和发展趋势，为研究生教育管理提供实际解决方案。本章从学位论文、科研成果、研究生导师指导规模、博士学位攻读年限等研究生教育管理的重要方面展开，以实际的应用需求，解析大数据处理与分析技术的实际应用。

第一节　学位论文相关数据处理

一、学位论文相关数据的类型

学位论文撰写是研究生培养的关键环节，学位论文对研究生而言是最重要的学习和研究成果，其质量的高低是检验研究生学术质量高低的一个基本判据和标准。作为研究培养的标志性成果，学位论文集中体现了研究生的基础知识、理论水平、科研能力等，学位论文质量是研究生培养质量的核心衡量指标之一。

学位论文相关数据主要包括论文基本信息、论文评审结果、论文评审意见、论文原文等，既有结构化数据，也有非结构化数据。学位论文相关数据中蕴含了丰富的信息，具有很大的挖掘价值。

（1）论文基本信息主要包含研究生的个人信息、学科信息、论文题目、论文类型、论文研究方向、论文选题来源等信息。其中，个人信息是研究生基本情况的直接体现，论文题目和论文研究方向可反映研究生的研究热点和趋势，论文类型和论文选题来源可反映研究生的培养过程。

（2）论文评审结果主要包含学位论文盲审或抽检的总体评分、评价等级、分项评价结果等信息。

（3）论文评审意见是指学位论文盲审或抽检过程中，评审专家针对论文提出的有价值的意见和建议，多为文本非结构化数据。根据博士、硕士学位授予要求和学位论文质量保障有关规定，研究生培养单位必须对研究生学位论文质量严格把关，学位论文答辩前必须进行“双盲”评审。教育管理部门每年会对上一学年全国授予博士、硕士学位的论文进行抽检，以加强研究生教育质量事后监管。通过论文评审意见分析，可以了解研究生的研究能力、学术水平和研究生培养的改进方向等。

（4）论文原文是指学位论文的电子版文档，包含论文摘要、全文、参考文献、学术成果等信息。论文原文是非结构化的文本数据，呈现了论文的详细情况、引用关系、研究能力基础等。

二、学位论文相关数据处理过程及技术

学位论文相关数据中，论文基本信息和论文评审结果属于结构化数据，可以通过传统统计方法进行分析；论文评审意见和论文原文属于非结构化数据，需要采用文本分析方法进行处理。

（一）文本分析处理过程

文本分析处理过程一般包括词汇切分、文本特征选择与特征提取、模式或知识挖掘、结果评价、模式或知识输出（图 5.1）。

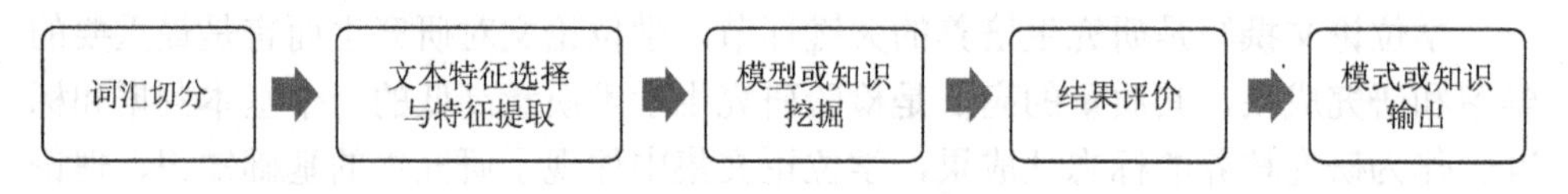

图 5.1　文本分析处理过程

（二）词汇切分

对文本类型等非结构化数据，不管是规范文本还是非规范文本，在进行分析之前都需要进行结构化处理，目的是将文本转化为一种结构化信息。主要的结构化处理包括词汇切分、词性识别、命名实体识别等。

词汇切分目前形成了两大类主要方法：基于词典的分词和基于统计的分词。基于词典的分词方法认为只要将一个字符串放入词典就可以当作词，而基于统计的分词方法认为若干个字符只要它们结合在一起的使用频率足够高，就可以被认为是一个词。

1. 词汇切分的一般流程

在文本分类、文本聚类、话题分析等应用中，分词都是一项基础工作。分词的任务是对输入的句子进行词汇切分。句子的词汇切分流程包括三大步骤。首先

是对句子进行短句切分，得到单个中文短句的集合，如通过标点符号，将中文文档进行切分，缩小中文分词的句子长度。其次是对每个短句进行词汇切分，运用一定的分词算法将词汇切分开来。最后是进行分词结果的优化，优化过程中会存在一定的歧义，需要进行歧义消解。

2. 基于词典的分词方法

基于词典的分词方法是通过设定词典，按照一定的字符串匹配，把存在于词典中的词从句子中切分出来。该方法的三个基本要素是分词词典、文本扫描顺序和匹配原则。文本扫描顺序有正向扫描、逆向扫描和双向扫描。匹配原则主要有最大匹配、最小匹配、逐词匹配和最佳匹配。根据文本扫描顺序和匹配原则，可以组合出多种方法，如正向最大匹配、正向最小匹配、逆向最大匹配、逆向最小匹配等。按照目前一些语料的词汇切分实验结果，逆向最大匹配的切分方法的错误率是 1/245，而正向最大匹配的切分方法的错误率是 1/169，切分中的错误源自词汇之间字符的重叠。

3. 基于统计的分词方法

基于统计的分词方法的核心前提是词是稳定的组合，当稳定性达到一定程度，这种组合就可以被认为是一个词，相邻的字同时出现的频率越高，则是一个词的可能性越大。基于统计的分词方法需要利用机器学习对大量的分词文本进行训练，运用统计方法计算分词方式的概率，构建统计语言模型。常采用的统计方法有 CRF、隐马尔可夫模型（hidden Markov model，HMM）、最大熵模型、N-gram 模型等。利用统计模型进行词语切分，最基本的任务是计算出一定长度的字符串出现的概率，当其大于一定阈值或满足一定条件时，可以得到切分的词汇。随着大数据的发展和信息处理能力的提升，基于统计的分词方法具有更大的优势，但仍存在一定的不足。构建统计模型时需要使用大量的语料进行训练，计算量大，耗时较长，对于一些常用词汇的识别精准度较低等。

因此，在实际应用中，常将基于统计的分词方法与部分常用词典结合使用，进行匹配分词，既能利用匹配分词的速度快、效率高的优点，又能消除一些不是词的常用字组。

4. 歧义处理

歧义处理是识别分词过程中的歧义字符串并进行消除的过程。歧义处理一般是先对歧义问题进行分类，再针对每个类别提出相应的解决方法。中文中的歧义问题通常分为三类，即交集型歧义、组合型歧义和真歧义。

（三）文本特征选择与特征提取

文本数据集经过分词后由大量文本特征组成，并不是每个文本特征对文本分析任务都是有益的，因此，必须选择那些能够对文本进行充分表示的文本特征。

1. 特征选择

在大数据应用系统中，数据样本包含的属性特征数量一般会很大，特别是文本这种类型的数据。文本数据的特征选择是在不削弱样本主要特征或文本内容标识准确性的前提下，从大量的属性或词条中选择那些最能区别不同样本的属性作为特征项，从而降低向量空间的维度、简化计算、提高分类准确性，即在获得实际若干特征后，再由这些原始特征转化为更能体现分类、数目更少的特征。因此，特征选择的目的是对样本进行降维。

目前，特征选择的主要方法有信息增益、卡方统计量、互信息及专门针对文本内容的文档频率等方法。其中，信息增益、卡方统计量为有监督方法，文档频率、互信息为无监督方法，应用较多、效果较好的是信息增益。

2. 特征提取

特征提取是特征重参数化的过程，由于自然语言的灵活和多样性，文本数据存在大量多义词和同义词，原始特征在特征空间中不完全正交，无法形成最优空间。特征提取通过变换坐标空间，构建各维度正交的特征空间，形成维度更少、相互独立的低维特征空间。主成分分析法、特征聚类等方法是典型的特征提取方法。

3. 文本的向量空间模型

在获得文本中的词汇及其特征之后，需要有一种合适的模型对这些特征进行数学表示，以便基于文本内容的各种分析应用能够有效地展开。此类数学表示模型主要有向量空间模型和概率模型两大类。

文本的向量空间模型与文本的向量表示是两个不同的概念。向量空间模型是一种特指，特指维度为词汇的文本表示方法。文本的向量表示是指把文本表示成一个向量。

向量空间模型的基本思想是把文本表示成向量空间中的向量，采用向量之间的夹角余旋作为文本的相似性度量。向量维度对应文本特征词在文档集中的权值。在文本内容的建模中，基向量是特征词汇。特征词汇是经过适当的特征提取方法选择出来的。文本在向量空间中的坐标就是每个特征词汇在该文档中的权重，而权重有多种不同的量化方法，包括特征项频率权重、词频-逆文档频率等，这样可以把一个文本表示为一个特征向量。

（四）模式或知识挖掘

经过文本特征选择后，就可根据具体的挖掘任务进行模式或知识挖掘。常见的模型与算法包括文本分类、文本聚类、文本关联分析等。

1. 文本分类

文本分类是文本挖掘中一种最常见、最重要的技术，它是一种有监督的机器学习技术，主要让机器记住一个分类模型并利用该模型给文本分配一个或多个预先给定的类别，从而以较高的准确率加快检索或查询的速度。文本分类的主要流程包括文本预处理、特征选择、分类模型训练、模型性能评估等。近年来出现了许多文本分类算法，不过，这些算法大多适用于英文文本分类，如基于案例的推理、KNN、基于中心点的分类方法等，但也有少量适用于中文文本分类的算法，如向量空间模型、朴素贝叶斯等。

2. 文本聚类

文本分类的目的是将未知类别的文本归入预定义的类中，而文本聚类是一种无监督的机器学习技术，预先没有定义类别，目的是将文本集自动聚成若干个簇，同一簇内文本的内容相似度尽可能小，而不同簇间的文本内容相似度尽可能大。文本聚类过程主要包括文本预处理、文本特征建立、文本特征清洗和文本聚类。近年来出现的文本聚类大致分为两类：一是层次聚类法，以HAC（hierarchical agglomerative clustering，层次凝聚聚类）算法为代表；二是平面聚类法，以K-means算法为代表。

3. 文本关联分析

文本关联分析是从文本集中找到词语或语义之间相关关系的过程。文本关联分析的多数方法是从数据挖掘领域的关联规则挖掘借鉴而来的。关联规则挖掘一般包括两个主要步骤：第一步是挖掘频繁项集，第二步是根据频繁项集生成关联规则。文本数据转化成结构化的特征向量后，可以利用关联规则算法在文本集中发现基于特征词的频繁项模式或关联规则。虽然文本挖掘可以借鉴传统的数据挖掘技术，但文本数据的独特性决定了特征向量具有高维度性，在应用传统的关联规则挖掘算法时仍存在一些不足。

三、学位论文相关数据处理技术应用示例

（一）论文评审意见的特征

论文评审意见是同行评议专家根据论文评阅书中的评议要素对学位论文的学术水平的评价。论文评审意见是论文质量评价最原始、最直接、最全面的质量认定，能够直观且详细地反映专家对所评论文学术水平的综合判断，具有丰富的信息量和重要的参考价值①。通过分析研究生学位论文评审意见，有助于了解我国研究生培养的质量状况和存在的问题，促进研究生教育质量的提升。

论文评审意见大多为非结构化数据，传统的分析方法是人工进行分析和处理，耗时耗力，难以处理大批量数据，也难以快速提取出关键特征，往往不能形成较为理想的研究成果，使用文本分析方法可以达到较为理想的分析效果。

以博士学位论文的相关专家评审意见文本数据处理为例介绍论文相关数据的特征和处理技术。

博士学位论文专家评审意见主要围绕论文的选题、框架、内容、方法、创新性、规范性等方面做出一系列有针对性的评价，并提出不足之处和建议。每条意见约 250 字。评审意见的示例如下。

石墨烯具有优良的力学、电学、热学和光学等特性，受到学术界的广泛关注，论文选题具有重要的意义。论文采用了分子动力学方法研究石墨烯条带结构的变形行为，揭示了二维晶体有别于传统三维晶体的奇异变形机理。

论文结构合理，采用的方法合适，图表规范，分析合理，工作量饱满，结论正确。研究取得了创新性结果，反映了作者具有系统的基础理论和广博深入的专门知识，达到了博士论文的要求。该论文是一篇优秀的博士学位论文。

通过查阅评审意见文本数据，发现评语中有很大篇幅内容是对论文研究内容的概况总结，对论文价值、框架、方法、水平等方面的评价内容较为简短，部分意见提出了较为明确的问题和修改建议。由于评审意见是专家对论文质量的主观评价表述，存在口语化、个性化和不规范的表达。评审意见的总体特征包括以下几方面。

（1）信息密度大，包含大量专业内容。

（2）非技术评价内容较短。

（3）自由文本，无规范化格式。

---

① 赵杰. 从“专家评阅意见”透视学前教育专业型硕士研究生学位论文存在的问题：基于 384 份专业硕士学位论文评阅意见的质性文本分析[J]. 鞍山师范学院学报，2022，24（1）：100-104.

（4）主观性强，样本差异较大。

（5）观点表达委婉，语气特征不突出，内容比较分散。

（二）论文评审意见的处理流程

论文评审意见中有关论文质量的判断主要集中在非技术评价内容中，非技术评价是对论文学术水平在多个方面的概况性评价，内容和形式相对结构化。因此，在开展论文评审意见文本数据分析时，数据的处理流程可分为非技术评价提取、评价特征抽取和聚类、校验和建模、评价特征分类器训练、评价特征自动提取、统计分析挖掘、人工审核及反馈七个步骤（图 5.2）。

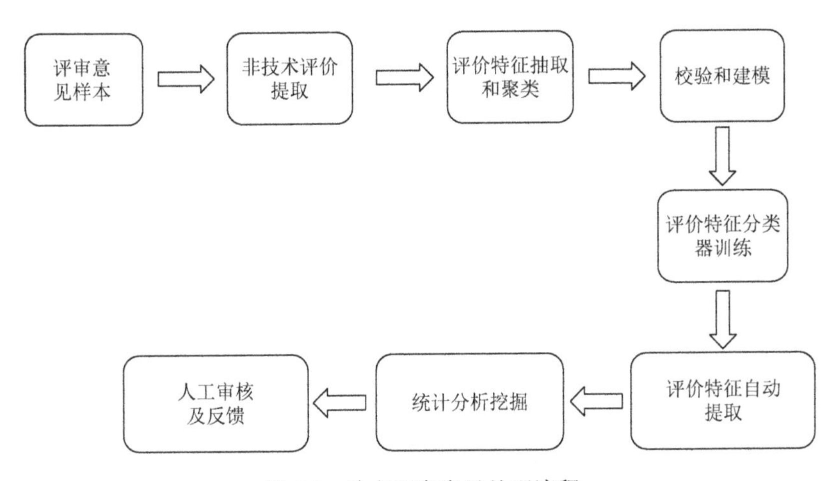

图 5.2　论文评审意见处理流程

1. 非技术评价提取

非技术评价提取是指从论文评审意见中提取出通用性评价文本内容。通用性评价文本内容是对论文结构、质量、水平等方面的描述，不涉及有关学科专业术语的深入分析。对非技术评价内容的分析和挖掘，有助于更高效地提炼出论文质量的主要特征。非技术评价内容的提取可采用启发式规则，提取的效果如图 5.3 所示。

2. 评价特征抽取和聚类

通过词法分析对论文评审意见文本数据进行处理。采用词汇切分技术对论文评审意见进行分词处理，使用特征词提取方法从原始文本特征词集中选择出较具代表性的文本特征词子集，提取论文评价的维度特征，提取效果如图 5.4 所示。

石墨烯具有优良的力学、电学、热学和光学等特性，受到学术界的广泛关注，论文选题具有重要的意义。论文采用了分子动力学方法研究石墨烯条带结构的变形行为，揭示了二维晶体有别于传统三维晶体的奇异变形机理。

论文结构合理，采用的方法合适，图表规范，分析合理，工作量饱满，结论正确。研究取得了创新性结果，反映了作者具有系统的基础理论和广博深入的专门知识，达到了博士论文的要求。该论文是一篇优秀的博士学位论文。

图 5.3 非技术评价提取效果

论文选题具有重要的意义

论文结构合理，采用的方法合适，图表规范，分析合理，工作量饱满，结论正确。研究取得了创新性结果，反映了作者具有系统的基础理论和广博深入的专门知识，达到了博士论文的要求。该论文是一篇优秀的博士学位论文。

维度特征	特征值
选题	具有重要意义、准确等
结构	合理、不合理等
方法	合适、新颖等
图表	规范、不规范等
分析	合理、深入等
⋮	⋮

图 5.4 评价特征提取效果

3. 校验和建模

根据自动提取的结果，采用“人工 + 专家知识”的方法，构建论文评价特征模型。

4. 评价特征分类器训练

构建多维度的论文评价特征分类器，在分类器中输入预处理后的训练集进行训练，使用测试集对文本分类的准确度和效率进行分析。

5. 评价特征自动提取

利用分类器自动识别每一条评审意见中的评价特征及其评价数值。

6. 统计分析挖掘

基于大量评审意见数据抽取的结果，通过统计分析和可视化呈现，分析博士学位论文的总体质量特征。

7. 人工审核及反馈

对分析结果进行审核，对自动处理有误的数据进行标记并进行反馈，从而改进机器学习算法模型，提高算法满意度。

通过以上数据处理流程和技术，可以从大规模论文评审意见文本数据中快速准确地分析出论文的评价维度和质量特征。

（三）论文评审意见分析结果

1. 论文评审意见总体特征

对40万篇博士学位论文的专家评审意见进行分析处理后，采用齐普夫第二定律计算了高频词和低频词的分界值，分界值为1120，频次为1120以上的为高频关键词，抽取出可代表总体评审意见的高频关键词68个，见图5.5和图5.6。

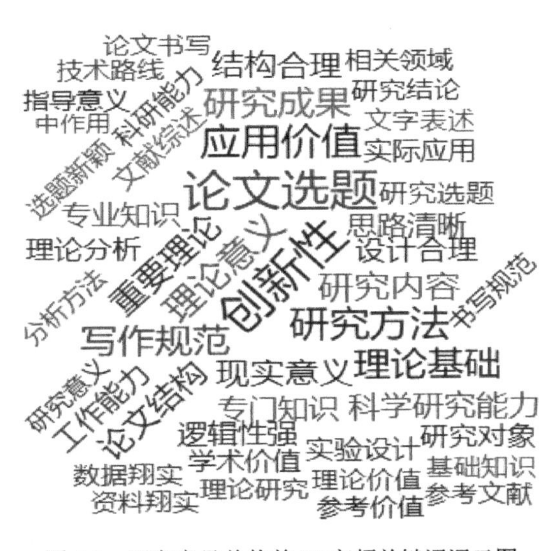

图5.5　评审意见总体前50高频关键词词云图

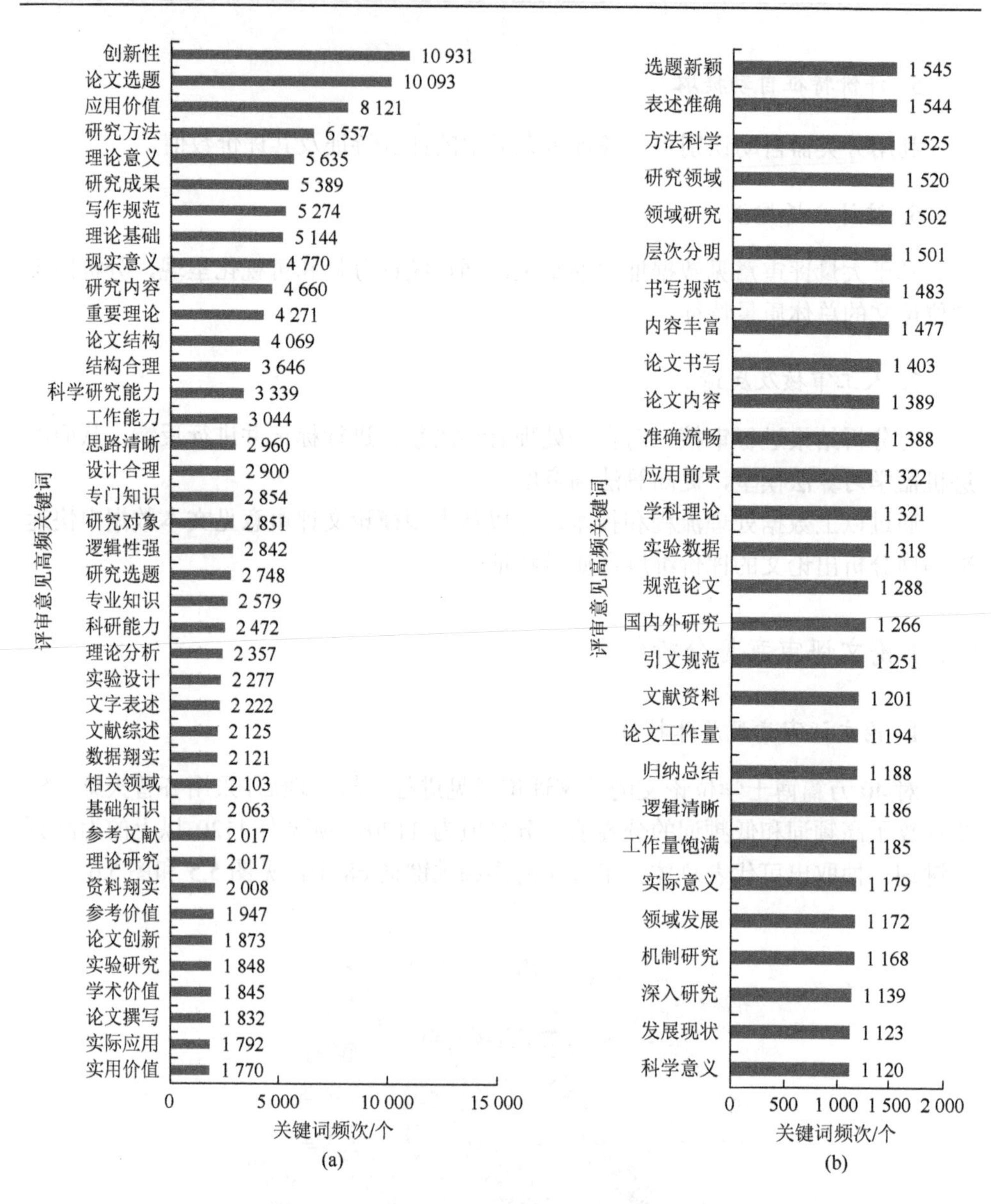

图 5.6　总体评审意见的高频关键词词频分布

在总体评审意见的高频关键词中，提到最多的首先是论文的基础知识和科研能力，在这个类别下相关的关键词有 21 个，分别是论文撰写、实验研究、理论研究、基础知识、相关领域、数据翔实、实验设计、理论分析、科研能力、专业知识、专门知识、工作能力、科学研究能力、重要理论、理论基础、研究方法、学科理论、实验数据、归纳总结、机制研究、深入研究。

其次是论文的规范性、论文的选题及综述，属于论文的规范性的高频关键词有 17 个，分别是文字表述、逻辑性强、思路清晰、设计合理、结构合理、论文结构、写作规范、表述准确、方法科学、层次分明、书写规范、内容丰富、论文书写、准确流畅、规范论文、引文规范、逻辑清晰。属于论文的选题及综述的高频关键词有 17 个，分别是资料翔实、参考文献、研究选题、研究对象、研究内容、论文选题、选题新颖、研究领域、领域研究、论文内容、国内外研究、文献综述、文献资料、论文工作量、工作量饱满、领域发展、发展现状。

最后是论文的创新性及论文价值，在这个类别下相关的关键词有 13 个，分别是实用价值、实际应用、学术价值、论文创新、参考价值、研究成果、理论意义、应用价值、创新性、应用前景、实际意义、现实意义、科学意义。

2. 不同学科论文评审意见特征

将 13 个学科门类划分为 5 个大类，这 5 个大类分别为工学、理学、文科类（哲学、经济学、法学、教育学、文学、历史学、管理学、艺术学）、医学、农学，提取了不同学科大类的前 20 高频关键词，研究不同学科类别之间专家关注的质量评价热点是否有差异。

工学博士学位论文专家评审意见中，专家首先关注的是论文的基础知识和科研能力，在前 20 高频关键词里与此相关的关键词有 9 个，如理论基础、重要理论、工作能力等；其次关注的是论文的创新性及论文价值，与此相关的关键词有 5 个，如研究成果、理论意义等；在论文的规范性、论文的选题及综述方面，与此相关的关键词各有 3 个。

理学博士学位论文专家评审意见中，专家首先关注的是论文的基础知识和科研能力，在前 20 高频关键词里与此相关的关键词有 8 个，如理论基础、实验设计、专业知识等；其次关注的是论文的创新性及论文价值，相关的关键词有 5 个，如应用价值、理论意义、科学意义等；在论文的规范性、论文的选题及综述方面，相关的关键词分别为 4 个和 3 个。

文科类博士学位论文专家评审意见中，专家首先关注的是论文的创新性及论文价值，相关的关键词有 7 个，如现实意义、理论意义、学术价值、创新性等；其次关注的是论文的基础知识和科研能力，相关的关键词有 5 个，如理论基础、科学研究能力等；在论文的规范性、论文的选题及综述方面，相关的关键词各有 4 个。

医学博士学位论文专家评审意见中，专家首先关注的是论文的规范性，相关的关键词有 7 个，如设计合理、写作规范、逻辑性强等；其次关注的是论文的选题及综述，相关的关键词有 5 个，如论文选题、选题新颖等；在论文的基础知识和科研能力、论文的创新性及论文价值方面，相关的关键词各有 4 个。

农学博士学位论文专家评审意见中，专家首先关注的是论文的基础知识和科研能力，相关的关键词有 7 个，如科学研究能力、实验设计、研究方法、理论基础等；其次关注的是论文的创新性及论文价值，相关的关键词有 5 个，如理论意义、应用价值等；在论文的选题及综述、论文的规范性方面，相关的关键词各有 4 个。

3. 不同学科、不同层次高校论文评审意见特征

对不同学科、不同层次高校的学位论文评审意见进行分析，研究“双一流”高校和普通高校学位论文的质量评价特征差异。

在工学中，对于“双一流”高校博士学位论文，专家最关注的是论文的基础知识和科研能力，体现在理论基础、工作能力、专门知识、研究方法等关键词上；对于普通高校博士学位论文，专家最关注的是论文的创新性及论文价值、基础知识和科研能力，论文的创新性及论文价值体现在实用价值、论文创新、参考价值等，论文的基础知识和科研能力体现在基础知识、科学研究能力、理论研究等。

在理学中，对于“双一流”高校博士学位论文，专家最关注的是论文的基础知识和科研能力，体现在研究方法、实验设计、基础知识、专业知识等关键词上；对于普通高校博士学位论文，专家最关注的是论文的选题及综述，体现在参考文献、选题新颖、研究对象、研究领域等关键词上。

在文科类中，对于“双一流”高校博士学位论文，专家最关注的是论文的创新性及论文价值，体现在创新性、现实意义、理论意义、学术价值等关键词上；对于普通高校博士学位论文，专家同样最关注论文的创新性及论文价值。

在医学中，对于“双一流”高校博士学位论文，专家最关注的是论文的规范性，体现在设计合理、书写规范、思路清晰、文字表述等关键词上；对于普通高校博士学位论文，专家最关注的是论文的基础知识和科研能力，体现在实验研究、科学研究能力、基础知识等关键词上。

在农学中，对于“双一流”高校博士学位论文，专家最关注的是论文的基础知识和科研能力，如研究方法、重要理论、理论基础、专业知识等；对于普通高校博士学位论文，专家同样最关注论文的基础知识和科研能力，体现在数据翔实、专业知识等关键词上。

4. 合格论文评审意见特征

论文评审的总体评价结果分为合格、不合格两类，通过评审文本意见研究合格论文与不合格论文评审意见的特征及差异。从图 5.7 看出在合格的博士学位论

文评审意见中，首先关注的是规范性，规范性是合格论文最重要的标准，在前 20 关键词里与规范性相关的关键词有 12 个，它们是写作规范、结构合理、设计合理、逻辑性强、思路清晰、方法科学、表述准确、层次分明、内容丰富、准确流畅、引文规范、逻辑清晰。其次比较关注的是论文的选题及综述，如资料翔实、选题新颖、工作量饱满等。

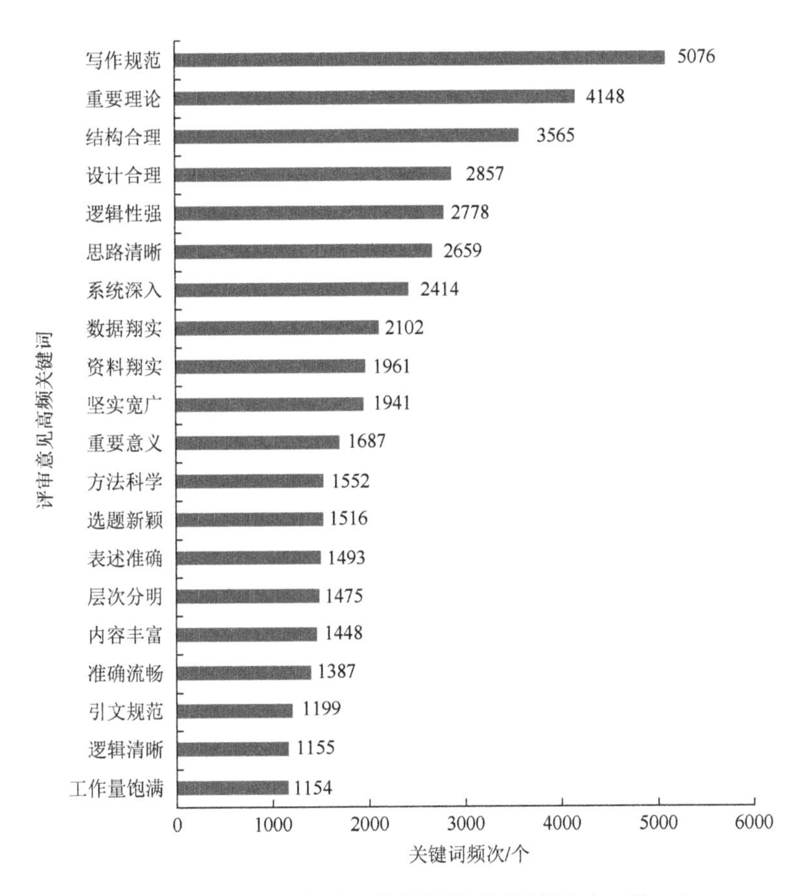

图 5.7　合格论文评审意见的高频关键词词频分布（前 20）

5. 不合格论文评审意见特征

从图 5.8 看出，对于不合格的博士学位论文，专家最关注的论文质量特征主要包括内涵深度、创新性、规范性。内涵深度体现在缺乏深度、不够深入、过于简单、分析不够、不够充分等；创新性体现在缺乏创新、没有创新、创新不足、缺乏新意等；规范性体现在不够严谨、不够清晰、逻辑混乱、不够全面等。

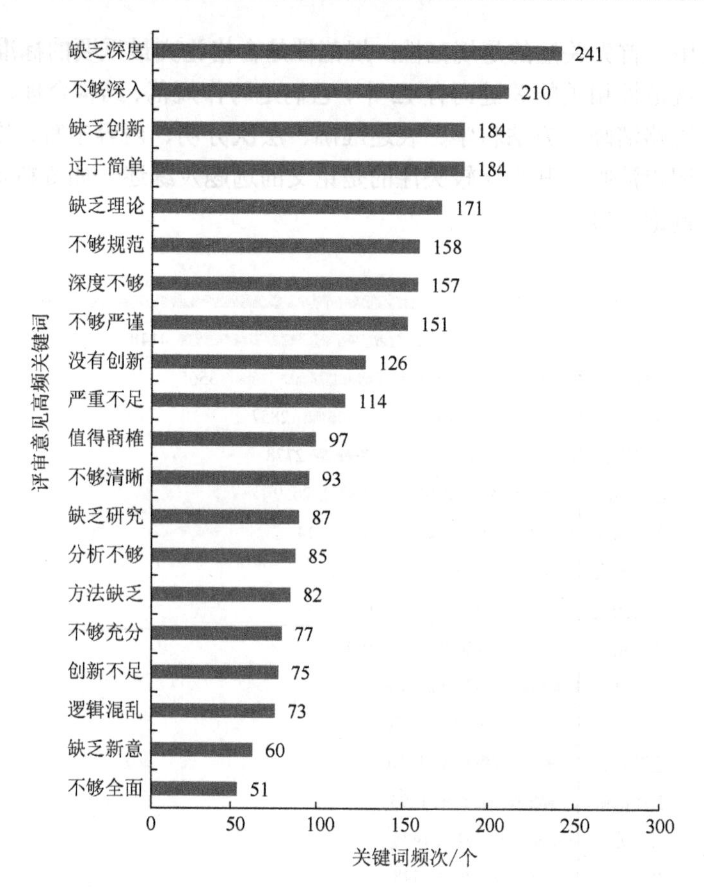

图 5.8 不合格论文评审意见的高频关键词词频分布（前 20）

第二节 科研成果数据处理

一、科研成果数据处理技术与模型

科研成果数据通常是非结构化的文本数据，海量的互联网科研成果数据存在结构多样、作者重名、数据相互独立等问题，需要采用自然语言处理、机器学习、数据融合等技术解决信息的提取和标注、数据的关联融合、人员的对准等难题，从而为数据的进一步分析利用提供良好基础。

（一）命名实体识别

从非结构化的科研成果文本数据中抽取重要信息的关键技术是命名实体识别

(named entity recognition，NER)技术。命名实体识别技术是信息抽取的重要基础，是指从自然语言文本中抽取出指定类型的实体。命名实体是指文本中具有特别意义或可以指代具体或抽象事物的实体，是知识理解的基本单元。科研成果数据中主要抽取的实体包括作者的姓名、职务、机构、地址、电话、邮箱等以及论文的期刊、会议、成果名称等。

命名实体识别方法大体上可以分为基于规则学习的方法、基于机器学习的方法和基于深度学习的方法。早期的命名实体识别工作大多都采用手工编写词典和规则的方法，此类型方法的优点是准确度比较高，但是查全率不高而且费时费力，语言依赖度很大，可拓展性不高。基于机器学习的方法将命名实体识别看作一个分类问题或者序列标注问题，使用人工标注分类的语料训练一些经典的机器学习分类器，如HMM、CRF和SVM，此类方法的难点是需要大规模的训练语料以及确定如何构造特征工程。当前，常用深度学习的方法从非结构化文本中进行实体识别，该方法使用词向量表示词语、字向量表示字，利用深度神经网络解决了统计机器学习方法需要构造特征工程的问题，并取得了较好的效果。目前常用的命名实体识别工具有中国科学院的NLPIR系统、斯坦福大学的stanza和哈尔滨工业大学的LTP系统等。

(二)数据融合

信息抽取后需要整合来自不同数据源的数据，并且统一存储在数据库中进行管理。不同来源的数据对科研人员的描述标准各异，且存在重名、有中英文姓名等问题，因此需要构建统一的元数据字段表，将不同来源的数据映射到统一的元数据字段中，解决不同来源之间的冲突，实现多源数据的融合。科研人员数据的融合最重要的是运用实体对齐技术，通过对齐合并相同的实体完成知识融合。实体对齐也称为实体匹配，是判断相同或不同知识库中的两个实体是否表示同一物理对象的过程。例如，通过判断互动百科中的实体“刘洋(航天员)”和百度百科中的实体“刘洋(中国首位女航天员)”为描述同一对象，对齐这两个实体。

实体对齐需要通过实体消歧来解决，实体消歧主要用于消除同名实体之间的歧义，判别实际情况是否为同一实体。常见的实体消歧方法包括基于聚类的实体消歧和基于实体链接的实体消歧。

1. 基于聚类的实体消歧

基于聚类的实体消歧是事先未给出目标实体列表，通过聚类方式将实体聚为不同类别，对实体指称项进行消歧。每一类聚类结果可成为一个目标实体。

2. 基于实体链接的实体消歧

基于实体链接的实体消歧是通过建立实体指称项与目标实体的链接，消除实体的歧义。

两种方法的核心问题都是计算待消歧实体与候选实体的语义相似度。如果没有给定目标实体，则主要采用聚类方法进行命名实体消歧。以聚类方法实现消歧的系统按照如下步骤进行消歧。

（1）对每一个实体指称项，抽取其特征，表示为特征向量。

（2）根据特征向量，计算实体指称项之间的相似度。

（3）选取聚类算法对实体指称项进行聚类，每一个聚类结果类别可对应到一个目标实体。

在计算实体指称项相似度时，可以使用基于表层特征、基于扩展特征、基于社会化网络的实体指称项相似度计算方法。

在科研成果数据中，基于社会化网络的实体指称项相似度计算方法尤为重要。实体的社会化关系提供了相当多的重要信息。通过社会化关系，可以发现研究人员 A 和研究人员 B 有更大的概率为相同的实体，因为他们的社会化关系更紧密。基于社会化网络的实体指称项相似度通常使用基于图的算法，建立图关系模型，发现图关系中隐藏的关系和知识，使计算的实体指称项相似度计算结果更为准确。

在基于社会化网络的相似度计算中，所有信息都被表示成一个社会化关系图 $G=(V,E)$。其中，实体指称项和实体都被表示为社会化关系图中的节点，而节点之间的边则表示它们之间的社会化关系。基于这种设定，在实体指称项表示中可以方便地加入从其他知识库抽取出来的社会化关系。

目前已经有一些研究从语义相似度、论文的特征模型相似度以及结合规则和特征模型相似度等角度进行了一些探索。但是从现有研究结果来看，实体消歧方法在准确率上还有一定的提升空间，未来还需要应用新的技术进一步提升实体消歧效果。

（三）学术网络模型

科研成果数据中学者与各类型成果的关联关系网形成了复杂多样的学术网络。学术网络的类型包括学者-论文网络、合著网络、引文网络、共词网络等[①]。

学者-论文网络是描述学者与论文之间关系的网络，是最基本的学术网络，由

---

① 温昂展. 基于多源异构大数据的学者用户画像关键技术研究[D]. 广州：华南理工大学，2018.

于论文成果数据量非常庞大，该关系网络也非常复杂。通过对该网络的分析，可以凸显出高成果产出的作者。

合著网络是描述学者共同发表论文情况的网络，展示了各学者之间的合作研究关系。若学者之间有合作论文，则学者之间建立合著关系。通过对该网络的分析，可以发现学者的学术圈范围。

引文网络是描述论文引用的参考文献的网络，展示了学者之间的论文引用关系。引用关系包括引用和被引用，需要以有向网络图准确表示引用关系的方向。通过对该网络的分析，可以发现高被引的论文，从而反映学者的影响力。

共词网络是根据论文关键词，将使用了相同或相近关键词的论文联系起来，呈现关键词共同出现情况的网络。通过对该网络的分析，可以直接可视化呈现出研究热点。

基于学术网络的学术合作可以构建学者影响力评估方法，通过研究网络中的节点、边和位置，建立学术中心度模型，可以分析学者影响力的多维特征。

1. 度中心性

一个节点与其他节点直接相连的节点数越多，该节点就处于更加重要的位置。度中心性表示的是学者的合作关系数量，反映了学者的学术社交活跃性。

2. 中介中心性

一个节点处在许多其他两个节点对的最短路径上说明该节点连接网络资源的能力越强，重要性越高。中介中心性表示学者成为其他两名学者间最短路径连接点的次数，反映了学者作为其他学者间的连接桥梁的作用如何。

3. 接近中心性

一个节点与其他节点之间的平均距离越短，信息传播的能力越强，重要性越高。

以上三个指标是学术网络中较为常见的学者重要性的评价指标，从多维度反映了学者的学术交往能力、资源获取能力和知识传播能力。此外，学术论文被引PageRank值也是学术网络分析中的一种典型指标，通过利用引用关系反映学者的影响力，可以进一步补充学者影响力的评价维度。

二、科研成果数据分析路径

研究生导师队伍是学科建设和研究生教育质量的重要保障。目前，关于导师队伍学术能力的分析主要围绕队伍结构、论文数、被引量等显性科研指标开展，缺乏对科研特征及科研潜力等方面的深度分析。在“破五唯”的背景下，有必要充分利用海量的科研成果数据，探索建立科学表征导师特征和潜力的新指标，以适应新时代教育评价改革发展新趋势。

（一）研究目标

开展研究生导师队伍科研特征研究，利用海量研究生导师相关大数据，构建导师科研特征多维度指标体系，建立导师队伍学术能力监测模型，深度挖掘研究生导师科研数据的历史特征、发展趋势等，分析导师队伍整体的科研特征和科研潜力，探索导师队伍学术能力的发展路径与演化机制，为学科可持续发展能力评价提供新的分析视角和维度。

（二）研究内容

主要研究内容包括构建科研特征指标体系、探索学术能力发展路径与演化机制、建立导师队伍学术能力监测模型。

1. 构建科研特征指标体系

构建包含科研成果规模及质量、科研活跃度、科研潜力等的多维科研特征指标体系。科研成果规模及质量分析主要通过分析研究生导师发表的论文数量、被引频次、期刊影响因子、期刊层次、高被引及热点论文等情况，反映不同高校研究生导师的学术成果价值及贡献。科研活跃度分析主要通过分析研究生导师每年发表论文的情况以及合作发表情况，反映研究生导师成果产出效率和合作研究情况。科研潜力分析主要通过结合研究生导师的毕业时间、入职时间等，分析研究生导师在学习及工作等不同阶段中的科研成果数据及质量变化趋势，反映导师科研能力成长及潜力。

2. 探索学术能力发展路径与演化机制

研究高校研究生导师学术能力在不同阶段的发展轨迹和演化机制，考虑职业阶段、学科背景和合作模式等因素，以挖掘高校研究生导师学术能力的发展路径及其演化机制。

3. 建立导师队伍学术能力监测模型

以科研特征多维指标体系与学术能力发展规律为基础，建立导师队伍学术能力监测模型，综合考虑研究产出、合作网络和研究潜力等多个维度，用于评价高校导师队伍的学术特征和能力。通过构建监测模型，采集相关指标数据，探索数据驱动方法在评估导师队伍学术表现中的适用性。

（三）研究框架

整体的研究框架路线如图 5.9 所示。

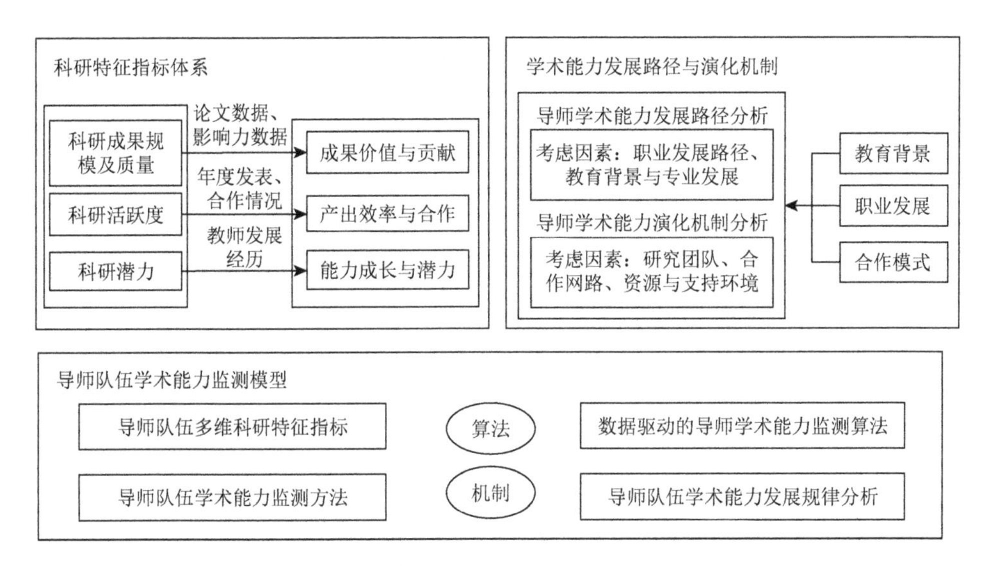

图 5.9　研究生导师队伍科研特征研究路径

三、科研成果数据处理技术应用示例

（一）应用场景

在研究生教育领域，科研成果数据处理技术可应用于研究生导师群体画像。以高校研究生导师基本信息为基础，互联网数据为补充，通过对 DBLP、智立方、百度百科等多源异构数据进行融合、关联和实体匹配，运用画像技术对研究生导师及导师群体进行画像，从结构分布、学生培养、科研项目、科研成果等方面，对全国、各省、各高校的计算机领域研究生导师的教学和科研情况进行分析和可视化展示，为研究生导师师资队伍的分析研究提供了新思路和新模式。

为了实现全面、精准的研究生导师群体画像，需要整合 DBLP、智立方、百度百科等各类来源的科研成果数据，打破数据孤岛，丰富、补充数据维度。采集的互联网数据中存在重名、缺乏作者单位信息等问题，需要开展作者消歧、中英文论文关联等技术研究，采用机器学习、数据融合等方法解决重名问题和数据孤立问题，实现研究生导师信息与中英文论文数据的关联，完成数据的清洗和融合。

（二）相关信息抽取

研究生导师画像需要从非结构化数据中抽取目标信息，如地址、职位、所在机构、联系方式等，这往往依赖信息抽取方法及相关模型来实现。信息抽取方法及相关模型是实现研究生导师画像的理论基础，主要包括三个方面。

（1）研究生导师信息标注。研究生导师信息标注需要基于开源异构数据自动提取导师相关信息。导师信息标注包括基本信息抽取和隐含属性预测，用户的隐含属性指难以从表层文本中直接抽取的属性数据，如性别、年龄等。

（2）研究兴趣挖掘。用户兴趣挖掘是指从用户数据中获取用户的偏好信息以及和用户相关的主题关键词，从而挖掘出用户的兴趣。研究兴趣挖掘主要应用于学者的研究方向发现，也可用于学术合作推荐。

（3）学术影响力预测。论文被引数等是评估学者学术影响力的重要指标之一，预测论文未来的被引数对学者科研水平评估及资助决策具有重要意义。

研究生导师信息标注分为基本信息标注和隐含属性预测，主页、邮箱、职位及办公地址等信息为基本信息，此类基本信息可以从文本数据中显式抽取，性别和国籍则可能是需要预测的隐含属性；研究兴趣可以从个人主页提取，或者从学者发表的论文中提取；学者的学术影响力通常由论文引用数和 PageRank 值体现。

（三）主要方法技术

1. 数据爬取

部署分布式爬虫，分别爬取 DBLP 的论文数据、智立方的论文和资助项目数据以及百度百科中的词条数据。

2. DBLP 中作者消歧

DBLP 是 Digital Bibliography & Library Project 的缩写，它是计算机领域内以作者为核心对他们的研究成果进行集成的一个数据库系统。然而，DBLP 数据集中存在重名的问题，需要采用无监督作者匹配算法，实现作者消歧。主要方法是通过频繁项抽取稳定的合作关系、实现碎片化合作关系拼接和运用 EM（expectation maximization，最大期望）算法将剩余论文加入合作网络中，从而将重名作者区分开。

3. 中英文论文的关联

由于 DBLP 中的论文数据没有提供作者单位信息，因此很难确定论文作者来自哪所学校，以及他们是否为导师等信息。通过训练一个分类器，确定作者是否为老师。智立方中的数据有作者的单位信息，将智立方的中文论文数据和 DBLP 的英文论文数据进行关联，从而实现中英文论文与导师的关联。为了实现中英文论文关联，需要采用无监督匹配算法，运用作者姓名进行分块，依据合作网络、研究兴趣等特征，运用 EM 算法实现中英文论文匹配。

4. 其他算法

除了以上技术和算法外，本书还需运用作者匹配算法、导师/学生分类算法、性别分类算法、中心性算法、主题提取算法、聚集算法等其他算法对导师数据进行处理。

（四）导师画像系统架构

研究生导师画像系统架构由数据获取层、数据匹配与融合层、数据分析与挖掘层、画像子系统层以及辅助决策层等层面构成[①]，见图 5.10。

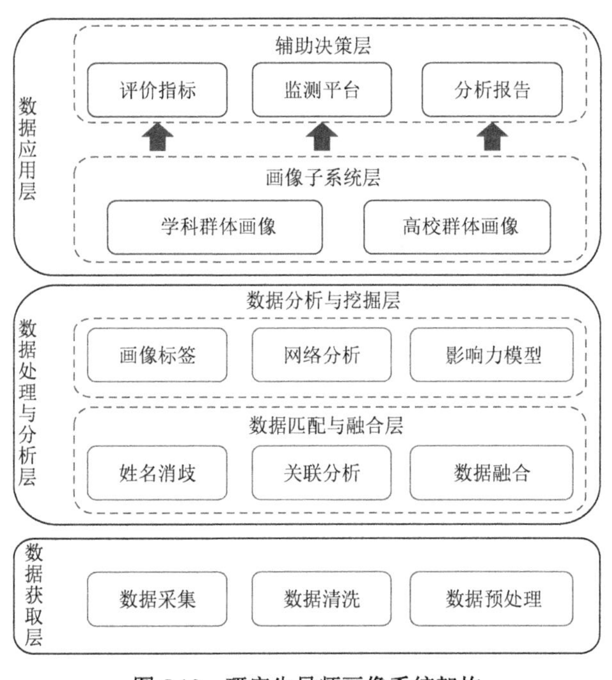

图 5.10　研究生导师画像系统架构

① 金冈增，李娜，郑建兵，等. 科研人员画像系统设计与实现[J]. 软件工程，2018，21（9）：41-43，28.

1. 数据获取层

数据获取层是系统框架的基础层，通过数据的采集、清洗和加工，提供丰富、规范、高质量的数据。它主要包括数据采集、数据清洗以及数据预处理三大子模块。数据采集模块主要是通过多种渠道采集、汇聚与研究生教育相关的多源异构数据，包括爬取智立方、百度百科以及论文检索网站等以获取导师基本信息及研究成果信息等。网络数据的爬取主要采用 Python 的 Scrapy 框架，以实现多源实时、分布式的数据爬取。采集的研究生导师相关数据主要包括以下几类。

基本信息包括研究生导师的个人信息、工作经历及教育背景等信息。

论文信息包括研究生导师发表的论文的发表年份、发表刊物、论文题目、论文关键词、论文被引用量以及合作作者等信息。

项目信息包括研究生导师主持或者参与的各类项目的立项时间、项目名称、项目类型、依托单位、资助金额、资助时间等信息。

通过网络采集到的原始数据质量一般比较差，可能存在数据缺失、数据不规范、数据冗余、有噪声数据等问题。在数据采集后就要进入数据清洗环节，开展完整性检查、逻辑校验、重复性筛查、规范化等，以保证数据的完整性、准确性等。

2. 数据匹配与融合层

在获取了不同来源网址的研究生导师相关信息后，需要进行数据的关联匹配，实现研究生导师多维数据的融合。由于多种数据来源的结构和信息项差异较大，采集的数据可能存在冲突、不一致、不完整、有歧义等问题。采用多源实体匹配技术，将多个数据源上的研究生导师相关信息进行匹配融合，可以实现人员对准，补充、完善导师的多维度信息，更加全面地展现研究生导师的总体情况，为实现导师精准画像、开展个性化服务提供依据。多源实体匹配示意图如图 5.11 所示。虽然网络上的数据极为丰富，但数据匹配融合仍面临很大的挑战，因为可以用于关联匹配的信息项比较少，而可以作为唯一标识的信息项更少，导致数据匹配的精准度难以显著提升。此外，还存在数据海量性、数据异构性、数据隐私性、数据相依性以及数据低质性等其他挑战。

在开展多源实体匹配时，对于不同数据源的实体，可以采用无监督的方法，充分利用导师的基本信息、导师论文发表信息等多种因素，尤其是导师的单位信息、工作经历信息、教育背景信息、研究兴趣、合作网络、引文网络、论文发表时间等，建立无监督匹配模型，将不同来源的研究生导师信息进行对准融合，减少数据冲突、不一致和歧义等问题。

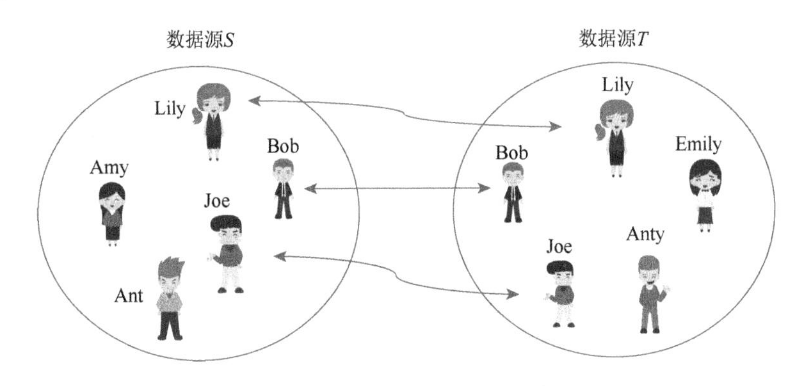

图 5.11 多源实体匹配示意图

3. 数据分析与挖掘层

基于清洗融合的导师数据，根据研究生教育相关理论，可以利用导师的研究成果信息和培养研究生的信息，采用文本分析、文献计量、网络分析等方法，分析研究生导师的研究兴趣、研究水平、培养学生情况等，为研究生导师队伍建设和研究生培养质量提升提供参考。

研究兴趣主要通过论文题录信息中的题目、关键词等数据项分析研究生导师关注的研究热点和研究方向的发展变化。研究水平主要通过论文被引频次和学术网络等数据分析研究生导师在学术圈中所处的位置和学术影响力，学术影响力的模型包括合作网络中的 PageRank 值、度中心性、中介中心性、接近中心性等。培养学生情况主要通过导师指导学生的信息，分析学生的论文质量、毕业去向，从而反映导师培养学生的质量。

4. 画像子系统层

画像子系统层包括导师个人画像和导师群体画像。通过对导师数据的探索分析和挖掘，可以设计和构建研究生导师画像标签体系。将研究生导师个人画像信息进行汇总，转换成学校、学科、省份乃至全国的研究生导师群体画像，可以反映研究生导师群体的队伍结构、科研产出、科研水平、学生培养等方面的情况。

5. 辅助决策层

辅助决策层是面向教育管理战线提供数据分析和展示的应用层，通过系统功能和指标呈现，实现对全国、各省、各学校研究生导师群体的横向和纵向分析，为了解宏观、微观的导师队伍情况提供便捷的系统工具，为教育管理部门精准科学管理提供辅助决策。

（五）导师画像标签体系

在设计导师画像标签体系时，需要根据业务需求，运用相关教育理论，综合考虑数据可得性和技术可操作性。利用导师科研成果和培养学生信息，可构建如表 5.1 所示的研究生导师画像标签体系，从基本信息、人才培养、科研产出、项目及奖励、学术影响力等方面反映研究生导师的教学和科研情况。

表 5.1 研究生导师画像标签体系

一级类别	二级类别
基本信息	学科分布
	单位类型
	规模结构
人才培养	导师配置
	学生培养质量
	学生科研产出
科研产出	论文产出
	专利产出
	其他成果产出
项目及奖励	项目资助
	科研获奖
学术影响力	学术圈子
	影响力评估

其中，对于学术圈子和影响力评估的标签设计如表 5.2、表 5.3 所示。

表 5.2 学术圈子的标签设计

画像类标签名称	画像类标签描述
学术圈子大小	学术圈子中相关联的科研人员数目
学术圈子大小分层	学术圈子较小：相关联的科研人员数目∈[0, 20) 学术圈子中等：相关联的科研人员数目∈[20, 100) 学术圈子较大：相关联的科研人员数目∈[100, ∞)
学术圈子大小分位数	取值范围：20%～100%，其中，步长为 20% 取值为 N%定义为：N%≥相关联的科研人员数目分位数≥(N−20)% 例如，取值为 20%，意味着相关联的科研人员数目分位数在 0～20%

表 5.3　影响力评估的标签设计

画像类标签名称	画像类标签描述
PageRank 值	科研人员的 PageRank 值大小
PageRank 值分层	PageRank 值较小：PageRank 值∈[0, 0.2) PageRank 值中等：PageRank 值∈[0.2, 0.7) PageRank 值较大：PageRank 值∈[0.7, 1]
PageRank 值分位数	取值范围：20%～100%，其中，步长为 20% 取值为 N%定义为：N%≥PageRank 值分位数≥(N–20)% 例如，取值为 20%，意味着 PageRank 值分位数在 0～20%
度中心性	科研人员的度中心性大小
度中心性分层	度中心性较小：度中心性∈[0, 0.2) 度中心性中等：度中心性∈[0.2, 0.7) 度中心性较大：度中心性∈[0.7, 1]
度中心性分位数	取值范围：20%～100%，其中，步长为 20% 取值为 N%定义为：N%≥度中心性分位数≥(N–20)% 例如，取值为 20%，意味着度中心性分位数在 0～20%
接近中心性	科研人员的接近中心性大小
接近中心性分层	接近中心性较小：接近中心性∈[0, 0.2) 接近中心性中等：接近中心性∈[0.2, 0.7) 接近中心性较大：接近中心性∈[0.7, 1]
接近中心性分位数	取值范围：20%～100%，其中，步长为 20% 取值为 N%定义为：N%≥接近中心性分位数≥(N–20)% 例如，取值为 20%，意味着接近中心性分位数在 0～20%
中介中心性	科研人员的中介中心性大小
中介中心性分层	中介中心性较小：中介中心性∈[0, 0.2) 中介中心性中等：中介中心性∈[0.2, 0.7) 中介中心性较大：中介中心性∈[0.7, 1]
中介中心性分位数	取值范围：20%～100%，其中，步长为 20% 取值为 N%定义为：N%≥中介中心性分位数≥(N–20)% 例如，取值为 20%，意味着中介中心性分位数在 0～20%
整体影响力大小	科研人员的整体影响力大小，综合考虑 PageRank 值、度中心性、接近中心性和中介中心性得到
整体影响力大小分层	整体影响力较小：影响力∈[0, 0.2) 整体影响力中等：影响力∈[0.2, 0.7) 整体影响力较大：影响力∈[0.7, 1]
整体影响力大小分位数	取值范围：20%～100%，其中，步长为 20% 取值为 N%定义为：N%≥整体影响力分位数≥(N–20)% 例如，取值为 20%，意味着整体影响力分位数在 0～20%

第三节　研究生导师指导规模预测

对研究生教育质量相关指标进行分析和预测，有助于及时发现研究生教育质量中存在的一些问题和规律。为了解研究生教育师资配置状况，取硕士研究生导师人均指导硕士生数、博士研究生导师人均指导博士生数两个指标，使用 Daniel（丹尼尔）检验进行数据发展趋势的分析，并采用局部加权线性回归预测方法对数据进行预测。

一、趋势判断方法及预测模型

通过 Daniel 检验对研究生教育质量监测指标体系中的硕士研究生导师人均指导硕士生数、博士研究生导师人均指导博士生数两个指标的历年数据进行趋势分析，并使用局部加权线性回归算法进行数据预测。

常用的时间序列预测方法包括 MA、AR、ARMA、ARIMA、指数平滑法、局部加权线性回归、BP 神经网络等，如表 5.4 所示。其中，ARIMA 是 MA、AR、ARMA 算法的进一步优化。BP 神经网络更适合多维数据，把已知的多项因素作为输入，需要预测的数据作为输出，进行训练。由于现有的预测指标数据是一维数据，而且期数比较少，所以没有采用 BP 神经网络算法，重点考虑了 ARIMA 算法、指数平滑法和局部加权线性回归算法。

表 5.4　预测算法对比

<table>
<tr><th>预测算法名称</th><th>特点</th><th>是否适用</th></tr>
<tr><td>ARIMA</td><td>传统经典的时间序列预测方法；ARIMA 是 MA、AR、ARMA 算法的优化；增加了对非平稳序列的处理</td><td>通过对现有指标数据进行处理，发现使用该方法在大部分情况下出现了欠拟合现象，预测误差比较大，不适合我们的指标数据</td></tr>
<tr><td>指数平滑法</td><td>应用最为普遍，使用简单；只需要少量数据和计算时间；模型分量和参数对使用者来说较容易理解和控制；适合中短期数据预测</td><td rowspan="2">采用这两种算法对指标数据进行了处理，通过分析对比，局部加权线性回归算法拟合效果更好，预测误差更低</td></tr>
<tr><td>局部加权线性回归</td><td>一种非参数学习算法；弥补了线性回归有可能出现的欠拟合现象；更加适用于非线性变化数据的拟合及预测</td></tr>
<tr><td>BP 神经网络</td><td>一种按误差逆传播算法训练的多层前馈网络；能学习和存储大量的输入-输出模式映射关系，更适合多维数据</td><td>现有指标数据是一维数据，而且期数较少，没有采用该算法</td></tr>
</table>

ARMA(p, d, q)模型是 AR 模型与 MA 模型混合形成的模型，ARIMA 模型是在 ARMA 模型的基础上发展起来的，是一种常用的时间序列预测方法。使用 ARIMA 算法对我们的预测指标数据进行了预测，发现使用该方法在大部分情况下出现了欠拟合现象，预测误差比较大，不适合我们的指标数据，所以最后放弃了使用 ARIMA 算法。

指数平滑法在预测时间序列数据方面的应用最为普遍，使用简单，只需要少量数据和计算时间，模型分量和参数对使用者来说较容易理解和控制，适合中短期数据预测。局部加权线性回归算法是一种非参数的学习算法，弥补了线性回归有可能出现的欠拟合现象，更加适用于非线性变化数据的拟合及预测。使用指数平滑法和局部加权线性回归算法对四个指标数据进行了预测分析和对比，最终发现局部加权线性回归算法的拟合效果更好，预测误差更低，所以本书选取了局部加权线性回归算法作为研究生教育质量四个监测指标的预测方法。

（一）Daniel 检验判断数据趋势

Daniel 检验法是使用 Spearman（斯皮尔曼）秩相关系数检验数据的平稳性的一种方法，常用在时间序列分析中。Spearman 秩相关系数检验不考虑时间序列的真实数据，只需要将时间序列的真实数据转化为依次的排名，一般要求数据量在四个以上[①]。将时间序列按时间的先后顺利进行排序得到序列 $Y_1, Y_2, \cdots, Y_N$，按数值大小排序得到相应的秩 $X_1, X_2, \cdots, X_N$，统计检验应用的秩相关系数为

$$r_s = 1 - \left(6\sum_{i=1}^{N} d_i^2\right) \Big/ (N^3 - N)$$

其中，$d_i = X_i - Y_i$。

将秩相关系数 r_s 绝对值和 Spearman 秩相关系数统计表中的临界值 w_p 进行比较，当 $-w_p \geqslant r_s$ 或 $w_p \leqslant r_s$ 时，说明时间序列有显著的下降或上升趋势，当 $-w_p \leqslant r_s \leqslant w_p$ 时，说明时间序列没有显著的上升或下降趋势。一般 $r_s > 0$，表示有上升趋势；$r_s < 0$ 表示有下降趋势。通过 Daniel 检验可以判断时间序列的发展趋势是上升还是下降，通过标准差可以看出上升和下降的整体幅度。

（二）局部加权线性回归算法进行数据预测

局部加权线性回归算法是一种非参数学习算法，是对普通线性回归的改进。普通的线性回归努力寻找一个使得全局代价函数最小的模型，这个模型对于整体来说是最好的，但对于局部来说，可能不是最好的。为了使线性回归得到一个局部更准确的结果，可以采用局部加权线性回归算法。

局部加权线性回归算法的学习过程是基于一组有标签的历史样本数据集，同时通过一个加权带宽控制参数对不同的训练样本点赋予不同的权重来进行局部回归拟合。通常参数化的多元线性回归模型通过在模型训练阶段基于训练样本集获

① 刘娟，陈涛涛，迟道才. 基于 Daniel 及 Mann-kendall 检验的辽西北地区降雨量趋势分析[J]. 沈阳农业大学学报，2014，45（5）：599-603.

得模型参数，一旦学习完成，在用于新的预测点时参数将不再改变。而局部加权线性回归算法每进行一次预测，都需要对新的预测点，根据训练样本点与之距离的不同确定不同的权系数，并进行局部拟合得到一组回归系数参数。局部加权突出局部特征，使预测模型具有更好的泛化性能。具体实现步骤如下[①]。

（1）确定样本输入矩阵 X 及对应输出向量 Y。设观测样本输入矩阵及对应输出向量分别为 X、Y，具体如下：

$$X=(X_0,X_1,\cdots,X_n)=\begin{bmatrix}1 & X_{11} & \cdots & X_{1n}\\ 1 & X_{21} & \cdots & X_{2n}\\ \vdots & \vdots & & \vdots\\ 1 & X_{m1} & \cdots & X_{mn}\end{bmatrix},\quad Y=\begin{bmatrix}Y_1\\ Y_2\\ \vdots\\ Y_m\end{bmatrix}$$

因回归拟合中存在常数估计项，为便于表达，在样本输入矩阵中加入了全 1 列向量 X_0 组成样本输入矩阵 X，其中，列向量 $X_i=[X_{1i},X_{2i},\cdots,X_{mi}]^{\mathrm{T}}(i=1,2,\cdots,n)$ 为第 i 个观测指标，共有 n 个输入观测指标；行向量 $X_{j\Delta}=[1,X_{j1},X_{j2},\cdots,X_{jn}]$ 为观测矩阵的第 j 个样本输入点，对应的输出为 $Y_j(j=1,2,\cdots,m)$，总的样本量为 m。

（2）选定权函数 $W(X)$ 的计算形式。本书选择常用的高斯核函数作为权函数：

$$W(X_{j\Delta})=\mathrm{e}^{\frac{-(X_{j\Delta}-X_{\Delta})^2}{2k^2}} \tag{5-1}$$

其中，$X_{j\Delta}$ 为训练样本点；X_{Δ} 为待预测的样本点；k 为函数的带宽，控制着函数的径向作用范围。

（3）对于给定的待预测样本点 X_{Δ}，计算每个训练样本点 $X_{j\Delta}(j=1,2,\cdots,m)$ 至该点的距离 D_j（欧式距离平方）

$$D_j=d_j^2=\sum_{i=1}^{n}(X_{ji}-X_{\Delta i})^2 \tag{5-2}$$

其中，X_{ji} 为第 j 个样本的第 i 个观测指标；$X_{\Delta i}$ 为待预测样本点 X_{Δ} 的第 i 个观察指标。

（4）确定合适的加权带宽控制参数 k 的取值，计算加权系数 W_j，并获得权系数对角矩阵 W

$$W_j=\mathrm{e}^{-\frac{D_j}{2k^2}},\quad W=\begin{bmatrix}W_1 & 0 & \cdots & 0\\ 0 & W_2 & \cdots & 0\\ \vdots & \vdots & & \vdots\\ 0 & 0 & \cdots & W_m\end{bmatrix}$$

---

① 任明仑，宋月丽，褚伟. 灰铸铁抗拉强度预测的局部加权线性回归建模[J]. 电子测量与仪器学报，2019，33（3）：65-71.

（5）在式（5-3）的约束条件下基于最小二乘估计求得对应于当前预测点的局部回归系数估计向量 $\hat{\beta}$ 为式（5-4）

$$\min_{\beta}\sum_{j=1}^{m}W_j(Y_j - X_{j\Delta}\beta^{\mathrm{T}})^2 \tag{5-3}$$

$$\hat{\beta}=(X^{\mathrm{T}}WX)^{-1}X^{\mathrm{T}}WY \tag{5-4}$$

（6）计算预测输出拟合值 $\hat{Y}_{\Delta}=X_{\Delta}\hat{\beta}^{\mathrm{T}}$。

经过结果验证，听取专家意见，选择 $k=1$ 作为权函数的加权带宽控制参数。

预测模型的评价指标一般采用和方差（the sum of squares due to error，SSE）、MSE、RMSE、MAE、R^2 等，主要思想是根据拟合数据与原始数据的偏差来衡量预测模型的效果，本书选用 MSE 作为预测误差的衡量标准。

二、趋势判断及预测结果分析

（一）硕士研究生导师人均指导硕士生数

该指标重点表征硕士研究生实际能够享有的教师资源水平，硕士研究生导师人均指导硕士生数应该控制在合理的范围内，这样才能保障硕士研究生的培养质量。该指标的数据来源是教育部统计数据，目前只能计算到国家层面，计算公式为：硕士在校生数/（硕士导师数＋博士、硕士导师数）。表 5.5 展示了 2010～2018 年硕士研究生导师人均指导硕士生数的数据情况。

表 5.5　2010～2018 年硕士研究生导师人均指导硕士生数　单位：人

项目	2010 年	2011 年	2012 年	2013 年	2014 年	2015 年	2016 年	2017 年	2018 年
导师数	244 261	254 939	281 840	297 535	321 111	348 374	360 270	383 095	410 995
在校生数	1 279 466	1 374 584	1 436 008	1 495 670	1 535 013	1 584 719	1 639 024	2 277 564	2 341 739
人均指导硕士生数	5.238	5.392	5.095	5.027	4.780	4.549	4.549	5.945	5.698

表 5.6 展示了硕士研究生导师人均指导硕士生数的趋势判断及预测分析。

表 5.6　硕士研究生导师人均指导硕士生数的趋势判断及预测分析

个案数	最小值	最大值	平均值	标准差	方差	趋势	显著性
9	4.549	5.945	5.141	0.484	0.234	上升	不显著

硕士研究生导师人均指导硕士生数在 2011～2016 年有一个比较缓慢的下降趋势，但 2017 年由于硕士研究生人数增长较多，所以 2017 年硕士研究生导师人均指导硕士生数明显上升。通过局部加权线性回归算法预测 2019 年硕士研究生导师人均指导硕士生数为 5.705，如图 5.12 所示，预测误差 MSE 为 0.048。

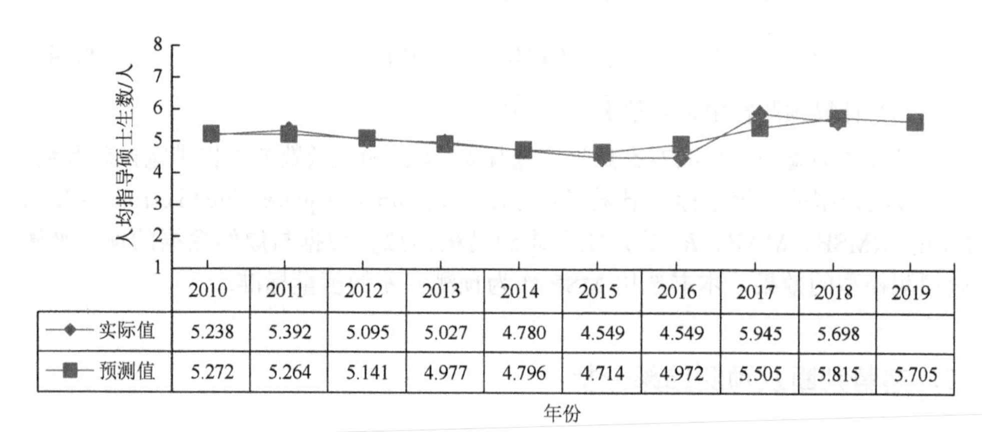

图 5.12　硕士研究生导师人均指导硕士生数预测结果

（二）博士研究生导师人均指导博士生数

该指标重点表征博士研究生实际能够享有的教师资源水平，博士研究生导师人均指导博士生数同样要控制在一个合理的范围来保障博士研究生的培养质量。该指标的数据来源也是教育部统计数据，目前只能计算到国家层面，计算公式为：博士在校生数/（博士导师数＋博士、硕士导师数）。表 5.7 展示了 2010～2018 年博士研究生导师人均指导博士生数的数据情况。

表 5.7　2010～2018 年博士研究生导师人均指导博士生数　　单位：人

项目	2010 年	2011 年	2012 年	2013 年	2014 年	2015 年	2016 年	2017 年	2018 年
导师数	59 291	62 290	68 985	74 615	80 349	86 589	89 820	95 864	105 876
在校生数	258 950	271 261	283 810	298 283	312 676	326 687	342 027	361 997	389 518
人均指导博士生数	4.367	4.355	4.114	3.998	3.891	3.773	3.808	3.776	3.679

表 5.8 展示了博士研究生导师人均指导博士生数的趋势判断及预测分析。

表 5.8　博士研究生导师人均指导博士生数的趋势判断及预测分析

个案数	最小值	最大值	平均值	标准差	方差	趋势	显著性
9	3.679	4.367	3.973	0.255	0.065	下降	显著

2010～2018 年博士研究生导师人均指导博士生数呈下降趋势，从 2010 年的 4.367 下降至 2018 年的 3.679，通过局部加权线性回归算法预测 2019 年博士研究生导师人均指导博士生数为 3.593，如图 5.13 所示，预测误差 MSE 为 0.001。

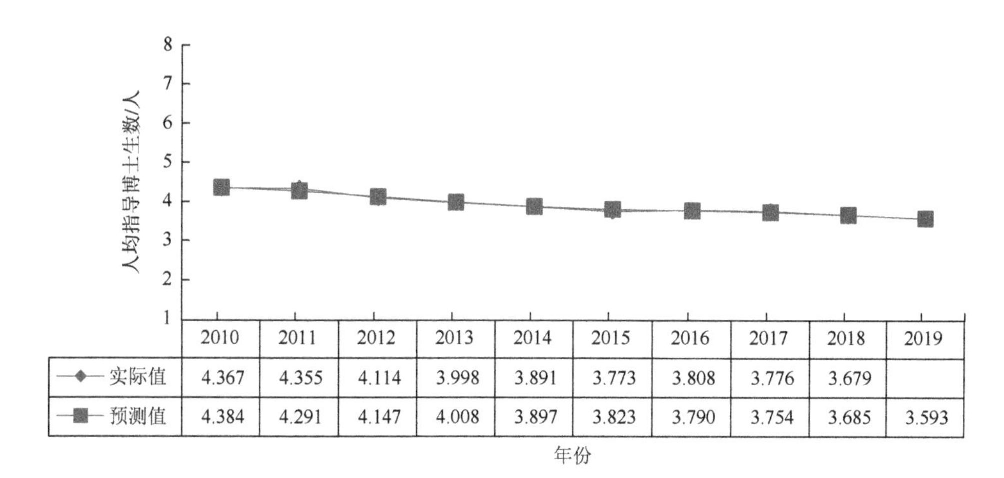

	2010	2011	2012	2013	2014	2015	2016	2017	2018	2019
—◆— 实际值	4.367	4.355	4.114	3.998	3.891	3.773	3.808	3.776	3.679	
—■— 预测值	4.384	4.291	4.147	4.008	3.897	3.823	3.790	3.754	3.685	3.593

图 5.13　博士研究生导师人均指导博士生数预测结果

第四节　博士学位攻读年限离群监测

一、研究背景

近年来，随着我国研究生教育规模的不断扩张，博士研究生的培养和教育质量面临新的挑战和问题。其中，博士研究生攻读学位难度大、攻读时间长、如期毕业率低、流失率高等问题日益凸显。国家和培养单位对博士生培养规格和要求的不断提高，导致博士生无法在当前基本学习年限要求内毕业已经成为一种普遍现象。同时，研究生规模的扩张也为研究生教育管理工作带来了严峻的挑战和考验，一方面，培养单位进一步规范和加强研究生培养管理，提高研究生培养质量；另一方面，许多高校以超过规定学习年限为标准着手“清退”超期博士研究生。

博士研究生合理的学习年限设置是确保博士研究生培养质量和效率的重要保障和必要手段。博士研究生创新型人才的培养目标必须以充足的学习和科研时间为保障；但过长的学习年限直接影响人才培养效率，也会造成对有限教育资源的浪费。《教育部关于加强和改进研究生培养工作的几点意见》（教研〔2000〕1 号）中提出对研究生的培养实行弹性学制，博士生学习年限一般为 3～4 年，具体由培养单位自行确定。各博士研究生培养单位在基本学制要求的基础上，都给予博士生“弹性化”的空间，在学制要求内未完成学业者，可申请延长学习年限，各校规定的最长学习年限一般为5～7年，超过最长学习年限者，应予退学处理。2019年3月，教育部办公厅印发的《关于进一步规范和加强研究生培养管理的通知》（教研厅〔2019〕1号）指出，严格执行学位授予全方位全流程管理，对不适合继续攻读学位的研究生要落实及早分流，加大分流力度。

目前，我国已有博士学位授予单位416个，博士学位授权点3476个。根据全国教育统计数据显示（图5.14），2008～2018年以来，全国博士研究生每年招生人数稳步扩张，而毕业生人数却一直趋于平稳，导致在校博士研究生规模增长过快，到2018年，我国博士研究生在校生人数已积累至38.95万人。2008年至2018年，毕业生人数占预计毕业生人数的比例呈逐年降低趋势，已由39%降至35%左右。可反映出博士研究生如期毕业的比例呈下降趋势，博士生延期毕业的现象越来越普遍。

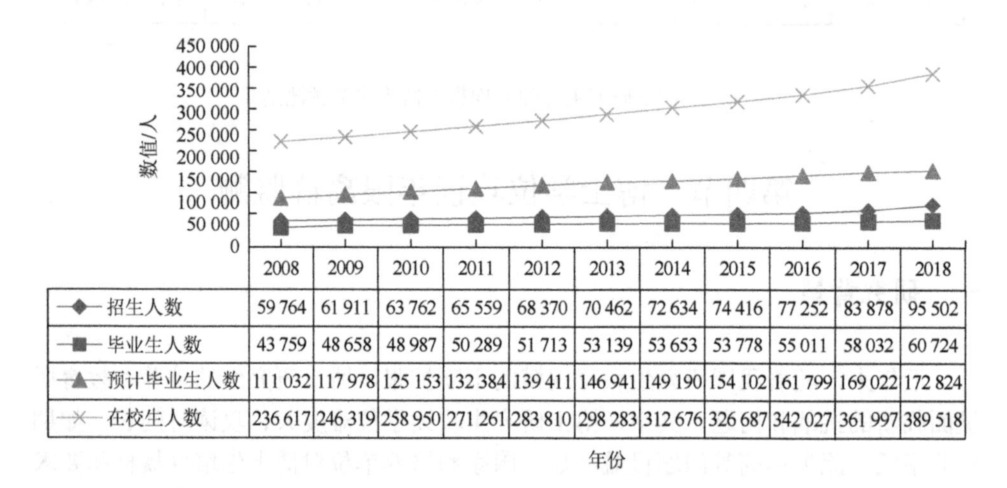

	2008	2009	2010	2011	2012	2013	2014	2015	2016	2017	2018
招生人数	59 764	61 911	63 762	65 559	68 370	70 462	72 634	74 416	77 252	83 878	95 502
毕业生人数	43 759	48 658	48 987	50 289	51 713	53 139	53 653	53 778	55 011	58 032	60 724
预计毕业生人数	111 032	117 978	125 153	132 384	139 411	146 941	149 190	154 102	161 799	169 022	172 824
在校生人数	236 617	246 319	258 950	271 261	283 810	298 283	312 676	326 687	342 027	361 997	389 518

图5.14　2008～2018年全国博士研究生人数情况

因此，厘清近年来我国高校博士研究生攻读年限的现状、特征和变化趋势具有重要的现实意义，不仅可为博士研究生基本学制和最长学习年限设置提供参考依据，还可为博士培养单位跟踪、监测博士生攻读时间提供预测预警作用，为不同培养单位之间比较培养周期提供数据支撑。

本书基于2008～2018年全国高校博士研究生学位授予大数据，分析不同类型、不同学科背景博士研究生攻读学位年限的基本特征，在此基础上，采用离群监测方法，筛选博士研究生攻读学位时间处于异常状态的学位授权点进行监测预警，为不同学位授权点对比分析博士研究生培养质量和培养效率情况，以及对博士研究生培养周期监测预警提供参考依据①。

二、数据来源

本书以 2008～2018 学年全国高校博士学位授予数据为研究样本，表 5.9 按照不同的攻读类型列出了 2008～2018 学年全国博士学位授予规模状况。

表 5.9　2008～2018 学年全国博士学位授予规模状况　单位：人

学位授予学年	学术博士						专业博士	博士合计
	公开招考	提前攻博	硕博连读	本科直博	其他	合计		
2008/2009	33 269	3 965	6 125	1 426	203	44 988	2 016	47 004
2009/2010	34 058	4 508	7 108	1 431	291	47 396	2 321	49 717
2010/2011	35 269	5 342	7 364	1 667	329	49 971	2 331	52 302
2011/2012	36 604	4 863	8 712	1 741	475	52 395	3 327	55 722
2012/2013	35 406	4 052	10 544	1 951	654	52 607	3 381	55 988
2013/2014	34 280	2 933	12 663	2 054	636	52 566	3 708	56 274
2014/2015	33 635	2 505	13 598	2 505	909	53 152	4 408	57 560
2015/2016	33 618	1 865	14 461	3 082	931	53 957	5 252	59 209
2016/2017	34 995	1 732	15 510	3 816	1 123	57 176	5 108	62 284
2017/2018	34 866	1 459	15 559	4 492	3 112	59 488	5 432	64 920
合计	346 000	33 224	111 644	24 165	8 663	523 696	37 284	560 980

2008～2018 学年，我国博士学位授予规模增长较快，2008/2009 学年授予学位的全体博士研究生人数约 4.7 万人，2017/2018 学年增加至近 6.5 万人。本书基于 2008～2018 学年全国博士学位授予数据，对博士学位攻读年限进行分析，详细描述 2008～2018 学年我国授予博士学位的攻读年限特征，力图构建模型，实现对博士生攻读年限的监测预警。

三、博士学位攻读年限基本特征

已有研究对博士学位攻读年限的统计方法主要有三种，方法一是从获得学士

① 李珍艳，陆根书，高玉建，等. 基于大数据的博士学位攻读年限监测预警分析[J]. 研究生教育研究，2020，(5)：15-23.

学位起至获得博士学位的时间；方法二是从研究生入学起至获得博士学位的时间；方法三是从正式开始研究生学习起至获得博士学位的时间。在美国，很多学生博士期间会离开学校一段时间再重新回到学校攻读学位，但在我国这种情况比较少，所以方法二和方法三的区别不太大。美国国家科学基金会的博士学位获得者年度报告使用方法三的统计方法，并使用中位数代表攻读年限平均情况。依据学位授予数据统计情况，本书的攻读年限是指从研究生入学起至获得博士学位的时间。

（一）博士学位攻读年限总体分布情况

表5.10为2008～2018学年全国授予博士学位的研究生攻读年限的分布情况。总体而言，博士学位攻读年限近年来一直呈增长趋势，从研究生入学起，3年内获博士学位的人数占当年全体获博士学位研究生的比例从2008/2009学年的36.88%降至2017/2018学年的27.24%；4年内获博士学位的比例在10年内从61.65%降至53.06%；2008/2009学年，博士学位攻读年限在6年内的比例为92.74%，2017/2018学年该比例降为87.43%；攻读年限8年及以上的比例从2008/2009学年的2.93%上升为2017/2018学年的6.50%。

表5.10　博士学位攻读年限总体分布情况

学位授予学年	年限内获博士学位的人数占当年全体获博士学位研究生的比例					
	3年内	4年内	5年内	6年内	7年内	8年及以上
2008/2009	36.88%	61.65%	81.93%	92.74%	97.07%	2.93%
2009/2010	35.79%	60.18%	79.83%	91.11%	96.15%	3.85%
2010/2011	34.61%	59.22%	79.06%	90.24%	95.56%	4.44%
2011/2012	36.48%	61.10%	78.47%	88.84%	94.16%	5.84%
2012/2013	35.04%	59.97%	77.98%	88.43%	93.30%	6.70%
2013/2014	34.30%	59.41%	78.00%	88.95%	93.91%	6.09%
2014/2015	32.41%	58.34%	77.30%	88.81%	94.14%	5.86%
2015/2016	29.82%	56.47%	76.83%	88.63%	94.11%	5.89%
2016/2017	28.07%	54.56%	75.75%	88.15%	93.81%	6.19%
2017/2018	27.24%	53.06%	74.39%	87.43%	93.50%	6.50%

（二）博士学位平均攻读年限分析

通过对我国博士学位攻读年限进行统计检验，发现攻读年限总体呈右偏态分布，从统计学意义上使用中位数来描述其集中趋势更加客观科学，故本书使用中位数表示博士学位平均攻读年限。

表 5.11 为学术型和专业型不同学位类别博士学位攻读年限中位数。由表 5.11 可知，2008～2018 学年，学术型博士学位平均攻读年限均高于专业型博士。

表 5.11 不同学位类别博士学位攻读年限中位数

学位类别	学位授予学年									
	2008/2009	2009/2010	2010/2011	2011/2012	2012/2013	2013/2014	2014/2015	2015/2016	2016/2017	2017/2018
学术型/年	3.75	3.75	3.75	3.75	3.75	3.75	3.75	3.75	3.83	3.83
专业型/年	2.83	2.83	2.83	2.83	3.25	2.83	3.0	3.25	3.42	3.25

四、博士学位平均攻读年限离群监测模型

不同学位类别、攻读类型、学科背景的博士研究生攻读年限都具有明显差异，但就算是同一学科不同学位授权点的平均攻读年限差异也会特别大。不同学位授权点培养周期产生差异的主要原因在于各单位的培养要求不一致，但过长或过短的培养周期都不会同时有利于培养质量和培养效率。由于不同类型的博士研究生的培养方式不同，所以一概而论其攻读年限过长或过短都不太合理，但针对同一学科不同学位授权点的博士研究生培养年限进行对比分析和监测预警却有重要的现实意义，这可为不同学位授权点之间对比分析博士研究生培养质量和培养效率情况，以及对博士研究生培养周期跟踪监测预警提供良好的参考依据。

因同一学科不同学位授权点博士学位平均攻读年限呈正态分布，故本书的预警标准制定可采用统计中常用的 3σ 方法划分状态区间。其基本原则为：假设不同样本指标数据均值为 E，若某一指标数值距离均值越近，则表明越接近群体的平均状态，距离均值越远，则表明其越高于或低于群体的平均状态，距离达到一定程度后，则因过于偏离均值，需要进行预警。在确定具体预警标准时，用表明与均值偏离程度的样本标准差 σ 来进行判断。指标值与平均数的差再除以标准差的值称为距离均值的相对标准距离，用符号 Z 分数表示。表 5.12 列出了具体判断标准。

表 5.12 博士学位攻读年限预警标准设定

状态	区间范围	Z 分数	样本占比	预警状态
0	$[E-\delta, E+\delta]$	$\lvert Z\rvert \leqslant 1$	约 69.4%	无预警
1	$[E-2\delta, E-\delta) \cup (E+\delta, E+2\delta]$	$1 < \lvert Z\rvert \leqslant 2$	约 26.6%	轻度预警
2	$[E-3\delta, E-2\delta) \cup (E+2\delta, E+3\delta]$	$2 < \lvert Z\rvert \leqslant 3$	约 3.4%	中度预警
3	$(-\infty, E-3\delta) \cup (E+3\delta, +\infty)$	$\lvert Z\rvert > 3$	约 0.6%	重度预警

五、学位授权点监测预警状态情况

按照一般原则，当样本数 $n \geqslant 30$ 时，才能满足模型估计的基本要求。本书采用离群监测预警模型对学位授权点数超过 30 个的学科进行博士学位攻读年限监测分析，以下是按不同类别对预警结果分布情况的描述分析。

（一）分年度预警状态

表 5.13 为 2008～2018 学年学位授权点博士学位攻读年限监测预警结果。2008～2018 年满足预警分析基本要求的学位授权点累计 25 015 个（次），预警学位授权点总数（预警状态为轻度预警、中度预警、重度预警的学位授权点数之和）共 7615 个（次），其中，达到重度预警的学位授权点共 147 个（次），中度预警的学位授权点共 870 个（次），轻度预警的共 6598 个（次）。

表 5.13　2008～2018 学年学位授权点博士学位攻读年限监测预警结果 单位：个（次）

学位授予学年	无预警	轻度预警	中度预警	重度预警	总计
2008/2009	989	418	40	6	1 453
2009/2010	1 382	491	70	14	1 957
2010/2011	1 469	613	67	12	2 161
2011/2012	1 656	619	89	11	2 375
2012/2013	1 817	652	86	18	2 573
2013/2014	1 763	720	97	9	2 589
2014/2015	1 821	735	90	14	2 660
2015/2016	2 081	731	102	24	2 938
2016/2017	2 082	769	102	19	2 972
2017/2018	2 340	850	127	20	3 337
总计	17 400	6 598	870	147	25 015

（二）分地区预警状态

表 5.14 为 2008～2018 学年不同地区学位授权点博士学位攻读年限监测预警结果。10 年期间，预警学位授权点数占该地区学位授权点总数的比例较高的前五个地区分别是西藏自治区（100%）、宁夏回族自治区（78.57%）、海南省（62.50%）、

青海省（58.33%）和广西壮族自治区（45.58%）；占比较低的五个地区分别是重庆市（20.89%）、黑龙江省（21.79%）、湖北省（24.27%）、上海市（24.84%）和广东省（25.44%）。

表 5.14 2008～2018 学年不同地区学位授权点博士学位攻读年限监测预警结果

单位：个（次）

地区	无预警	轻度预警	中度预警	重度预警	总计
北京市	3 088	1 234	121	10	4 453
江苏省	1 618	590	87	18	2 313
上海市	1 616	447	73	14	2 150
湖北省	1 139	338	24	3	1 504
陕西省	891	442	102	13	1 448
广东省	1 008	306	32	6	1 352
辽宁省	780	296	28	11	1 115
山东省	653	330	33	3	1 019
湖南省	619	298	68	11	996
四川省	710	215	26	7	958
黑龙江省	639	156	20	2	817
吉林省	558	217	33	6	814
天津市	548	218	8	0	774
浙江省	511	162	21	7	701
福建省	481	184	33	2	700
安徽省	389	219	27	8	643
河北省	322	155	25	1	503
重庆市	390	94	7	2	493
甘肃省	325	104	10	3	442
山西省	260	133	31	4	428
河南省	223	117	9	0	349
云南省	177	66	9	1	253
江西省	124	70	7	3	204
内蒙古自治区	97	54	11	4	166
广西壮族自治区	80	44	17	6	147

续表

地区	无预警	轻度预警	中度预警	重度预警	总计
新疆维吾尔自治区	90	45	5	2	142
贵州省	44	27	0	0	71
海南省	12	18	2	0	32
宁夏回族自治区	3	10	1	0	14
青海省	5	7	0	0	12
西藏自治区	0	2	0	0	2
总计	17 400	6 598	870	147	25 015

（三）分学校类型预警状态

表 5.15 为 2008～2018 学年不同学校类型学位授权点博士学位攻读年限监测预警结果。学位授权点数占该学校类型学位授权点总数的比例最高的是非“双一流”建设高校（36.73%），其次是一流学科建设高校（30.63%），最低的是一流大学建设高校（27.02%）。

表 5.15　2008～2018 学年不同学校类型学位授权点博士学位攻读年限监测预警结果

单位：个（次）

学校类型	无预警	轻度预警	中度预警	重度预警	总计
一流大学建设高校	8 490	2 690	390	64	11 634
一流学科建设高校	5 047	1 947	239	42	7 275
非“双一流”建设高校	3 863	1 961	241	41	6 106
总计	17 400	6 598	870	147	25 015

（四）分学位类型预警状态

表 5.16 为 2008～2018 学年不同学位类型学位授权点博士学位攻读年限监测预警结果。博士学术学位授权点中的预警学位授权点数占比（30.68%）高于博士专业学位授权点中的预警学位授权点数占比（19.28%）。

表 5.16　2008～2018 学年不同学位类型学位授权点博士学位攻读年限监测预警结果　单位：个（次）

学位类型	无预警	轻度预警	中度预警	重度预警	总计
学术学位	16 973	6 520	854	139	24 486
专业学位	427	78	16	8	529
总计	17 400	6 598	870	147	25 015

（五）学术型博士不同学科门类预警状态

表 5.17 为 2008～2018 学年学术型博士不同学科门类学位授权点博士学位攻读年限监测预警结果。预警学位授权点数占学位授权点总数的比例较高的学科门类有管理学（32.47%）、哲学（32.17%）和历史学（31.97%）；占比较低的学科门类有教育学（25.00%）、农学（26.72%）和理学（27.94%）。

表 5.17　2008～2018 学年学术型博士不同学科门类学位授权点博士学位攻读年限监测预警结果　单位：个（次）

学科门类	无预警	轻度预警	中度预警	重度预警	总计
工学	7 657	3 103	419	39	11 218
理学	3 637	1 176	188	46	5 047
管理学	1 454	617	75	7	2 153
医学	1 049	385	44	12	1 490
法学	956	368	38	12	1 374
经济学	736	296	35	7	1 074
文学	626	236	25	6	893
历史学	317	136	10	3	466
哲学	312	135	9	4	460
农学	181	55	8	3	247
教育学	48	13	3	0	64
总计	16 973	6 520	854	139	24 486

六、研究结论及建议

基于上述分析，本书的主要结论如下。

（1）2008～2018 学年，我国博士研究生学位授予规模增长较快，博士研究生的攻读年限总体呈增长趋势，我国当前博士生的基本学制为 3～4 年，但实际上，3 年内获博士学位的研究生人数占当年全体获博士学位研究生的比例从 2008/2009 学年的 36.88%降至 2017/2018 学年的 27.24%；4 年内获博士学位的比例从 61.65%降至 53.06%。

（2）不同学位类别、不同学科门类的博士学位攻读年限均存在差异。学术型博士平均攻读年限高于专业型博士；学术型博士中，工学的平均攻读年限最长，其次为管理学、军事学，平均攻读年限最短的学科门类是医学。

（3）各类学位授权点博士学位攻读年限监测预警结果中，在预警学位授权点数占学位授权点总数的比例中，按学校类型分，非“双一流”建设高校高于一流学科建设高校，高于一流大学建设高校；按学位类型分，学术型博士高于专业型博士。

为进一步提高博士研究生培养质量，优化博士研究生攻读学位的平均时间，提高人才培养效率，本书提出如下政策建议。

（1）研究生培养单位对博士研究生基本学制和最长攻读年限的限定不能一概而论，需要分学科、分类别制定不同的标准，且需要进一步加强对不同类别博士研究生攻读时间的动态监测评估，加强攻读年限影响因素研究，从源头上遏制超期毕业博士研究生的比例。

（2）进一步加强博士研究生培养质量管理。对于平均攻读年限相较于全国平均状态过低且进入预警状态的学科点，需要加强对博士研究生培养质量的把关和评估，如加强对博士研究生综合科研能力和创新能力的培养与考核，以及对博士学位论文的质量要求。

（3）进一步强化博士研究生培养过程管理。特别是对于平均攻读年限相较于全国平均状态过高且进入预警状态的学科点，需要监督并保障其研究进程的顺利进行，逐步消除影响博士生延期毕业的关键因素，加强对博士研究生开题报告、中期检查、学位论文盲审、预答辩、答辩等重要培养环节的监管和质量要求，并建立适当的中途转出或淘汰机制。

第六章　研究生教育大数据采集管理应用

研究生教育大数据是支撑研究生教育管理变革的重要数据基础，虽然目前很多公共数据已经在互联网上公开，但数据的采集和汇集仍较为困难，难以形成可持续的数据动态采集机制以及灵活易用的数据采集平台，不利于研究生教育大数据的充分挖掘利用。本章通过系统规划研究生教育大数据的采集与处理，探讨数据的动态采集处理机制，搭建研究生教育大数据采集管理平台框架体系，有助于形成统一、规范的数据资源库及数据管理平台，为研究生教育大数据的分析利用奠定坚实基础。

第一节　项目背景

一、项目缘起

大数据给各行各业的发展模式和决策带来前所未有的革新与挑战，教育行业也不例外，研究生教育领域的大数据应用有巨大的需求和发展空间。将大数据应用于研究生教育管理可以对研究生教育数据进行深入挖掘，发现传统分析方法难以发现的价值和规律，解决传统分析方法难以解决的问题，将数据转化为研究生教育管理部门和高校决策的依据，助力研究生教育的精准管理和科学决策。大数据发展的根本是数据资源建设，只有通过汇聚各数据源的数据，对数据进行采集、加工、处理和有效管理，形成大数据资源库，才能为研究生教育大数据分析提供数据基础。

然而，传统的数据采集与管理方式过度依赖人工操作、自动化程度低、人力成本居高不下，导致传统的数据采集管理平台存在数据采集不全面、数据实时性不强、数据质量有待提升、数据完整性较差等问题。通过将各类数据采集与数据处理技术应用于数据管理平台，建设更加自动化、智能化的研究生教育大数据采集管理平台，从而提高大数据的采集处理效率、减少人力成本，具有非常重要的意义。

二、项目目标

研究生教育大数据采集管理平台建设旨在建立研究生教育相关互联网数据的

自动化采集、处理、入库及更新机制，搭建数据采集管理平台，对数据的采集、清洗、处理、核查、更新及展示进行规范化管理，提升数据质量，增强数据的可用性和易用性，为研究生教育大数据的分析挖掘提供完整、准确、翔实的基础数据。

三、建设原则

为了实现多源异构数据的采集与管理，研究生教育大数据采集管理平台的建设应遵循以下原则。

（一）适用性

针对研究生教育大数据的不同类型和特征，设计适用于研究生教育领域各类数据的采集和处理的方法技术，并集成在研究生教育大数据采集管理平台中，满足不同类型数据的个性化采集和处理需求。

（二）灵活性

由于研究生教育大数据的类型多样，如果针对每一类数据分别开发单独的采集工具，则必定会包含很多重复性的工作，不仅开发和维护的效率不高，而且会导致后期难以管理和扩展。因此，研究生教育大数据采集管理平台应通过功能模块化、代码复用、选用多爬虫框架等方法，保证平台易扩展、易管理，且具有高灵活性。在需要采集新类型的数据时，仅需要配置必要的参数，如抓取规则、解析规则、入库规则等，即可快速完成功能扩展。

（三）可靠性

互联网数据在采集的过程中可能遇到反爬机制、爬到“脏数据”、断网等各类问题，尤其在多网站同时爬取时，报错的概率更大。因此，需要做好日志监控，实时监控爬虫系统的状态，准确、详细地定位报错信息。同时做好各种异常处理，以保证系统的可靠性。

（四）数据可用性

研究生教育大数据采集管理平台建设的最终目标是为研究生教育大数据分析提供持续、动态、可靠的数据支撑，需要通过建立完善的数据采集、加工、处理流程和机制保障数据的可用性。

第二节　设计思路

一、基本架构

研究生教育大数据采集管理平台主要包括数据采集层、数据处理层和应用服务层三个层次。数据采集层负责多源数据的采集和解析。研究生教育大数据可以分为不同的类别，如教育部统计数据、各类教育成果的名单等。数据处理层负责数据的抽取、转换、加载、建模等。应用服务层负责数据采集处理相关功能的维护、监控、展示等。平台的总体框架如图 6.1 所示。

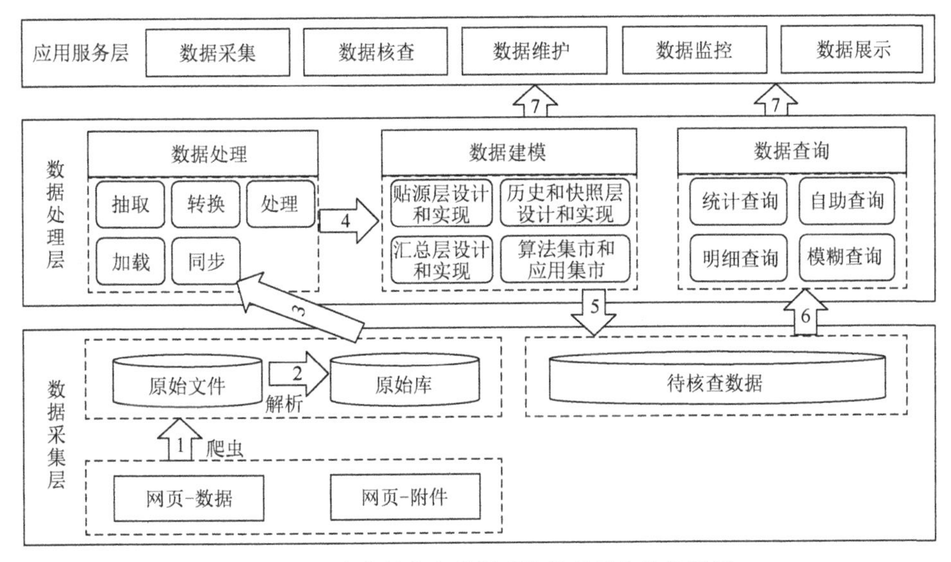

图 6.1　研究生教育大数据采集管理平台总体框架

二、技术选型

研究生教育大数据采集管理平台的主要技术选型为：在数据采集层主要使用 Python、Scrapy、Flume，Python 语言具有简洁性、易读性以及可扩展性的特点，Scrapy 是为了爬取网站数据、提取结构性数据而编写的应用框架，Flume 是高可用的、高可靠的、分布式的海量日志采集、聚合和传输的系统；在数据存储层主要使用 Oracle、HDFS、CentOS 7.0 x64，Oracle 是一种成熟的数据库管理系统，能够支持高并发、高吞吐量和大规模数据处理，HDFS 是 Hadoop 分布式文件系统，是高容错性、高吞吐量访问应用程序的数据，适合超大数据集，CentOS 7.0 x64 是免费的、开源的、可以重新分发的开源操作系统；在数据处理层主要使用 Spark、ETL、

Quartz、EhCache，Spark 是专为大规模数据处理而设计的快速通用的计算引擎，ETL 用来描述数据从来源端经过抽取、转换、加载至目的端的过程，Quartz 是一个完全由 java 编写的开源作业调度框架，Quartz 可以用来创建简单的程序或运行十个、百个，甚至几万个任务的复杂程序，EhCache 是一个纯 java 的进程内缓存框架，具有快速、精干等特点。研究生教育大数据采集管理平台主要技术选型如图 6.2 所示。

业务层	领导驾驶舱、数据监控、数据展示
可视化层	BI、表格工具等
数据处理层	Spark、ETL、Quartz、EhCache
数据存储层	Oracle、HDFS、CentOS 7.0 x64
数据采集层	Python、Scrapy、Flume
数据源层	网站

图 6.2　研究生教育大数据采集管理平台主要技术选型

BI 为 business intelligence，商业智能

三、技术框架

研究生教育大数据采集管理平台使用基于 Redis 分布式多爬虫共享队列的主题爬虫对网络数据进行抓取。分布式架构采用主从结构设置一个 Master 服务器（主服务器）和多个 Slave 服务器（从服务器），Master 管理 Redis 数据库和分发下载任务，Slave 部署 Scrapy 爬虫提取和解析网页内容。系统采用 Python 开发的 Scrapy 框架来开发，使用 Xpath 技术对下载的网页进行提取解析。技术框架如图 6.3 所示。

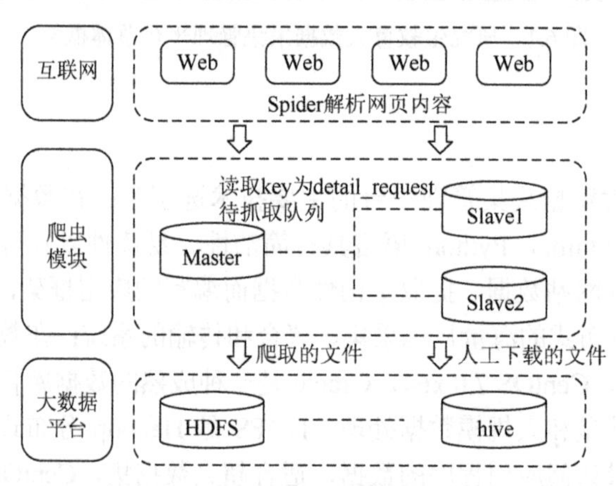

图 6.3　研究生教育大数据采集管理平台技术框架

hive 是基于 Hadoop 的一个数据仓库工具，可以将结构化的数据文件映射成一张表，并提供类 SQL 查询功能

第三节　数 据 采 集

一、数据来源

研究生教育相关大数据主要来自政府部门官方网站、有关学会组织网站、教育相关平台、高校网站、有关企业平台、社交媒体等。研究生教育大数据可以从教育部、科技部、农业农村部、国家知识产权局、全国哲学社会科学工作办公室等有关网站采集权威公开数据，从有关企业的教育信息服务平台采集规范化整理数据。数据类型包括网页等半结构化数据和 word、pdf、excel 文件等非结构化数据。通过对网页数据和文件数据的解析入库，实现研究生教育相关互联网数据的提取，并利用研究生教育大数据采集管理平台实现从采集、清洗、处理到核查、存储、监控的全流程管理，为研究生教育质量数据监测的各类分析研究和数据核查提供稳定可靠的数据源。

二、采集流程

互联网上研究生教育大数据的数据来源大致可以分为两类：一类是在网页上直接展示的数据，如国家三大奖（国家自然科学奖、国家技术发明奖、国家科学技术进步奖）的公示页面、教育部统计数据页面等；另一类是网页上含有附件，详细数据在附件中进行展示的数据，如高等学校科学研究优秀成果奖公示页面等。

两类不同类型的数据需要采用不同的方法和技术进行采集和解析，对于在网页直接展示的数据，可采用 Xpath 提取网页内容，使用 BeatuifulSoup 进行 HTML/XML 解析；对于网页附件内容的提取，可采用 rows 对各类文件进行处理，采用 Python-docx 对 office 文件进行处理，采用 pdftables 对 pdf 文件进行处理。在对各类数据进行加工处理后，通过数据的自动采集校验结合人工校验审核，实现对各类研究生教育大数据的核查校验和规范化管理。研究生教育大数据采集流程如图 6.4 所示。

三、分布式爬虫功能设计

采用分布式爬虫对研究生教育大数据进行采集，分布式爬虫模块主要包括爬虫、中间件、数据存储三大部分。分布式爬虫功能设计如图 6.5 所示。

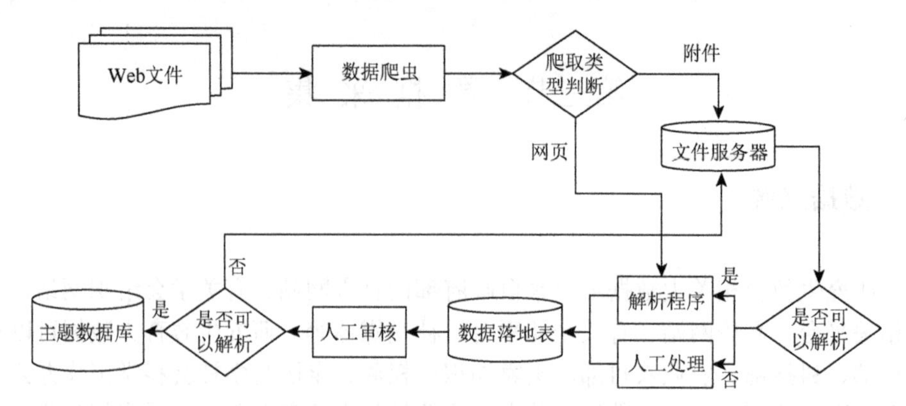

图 6.4　研究生教育大数据采集流程

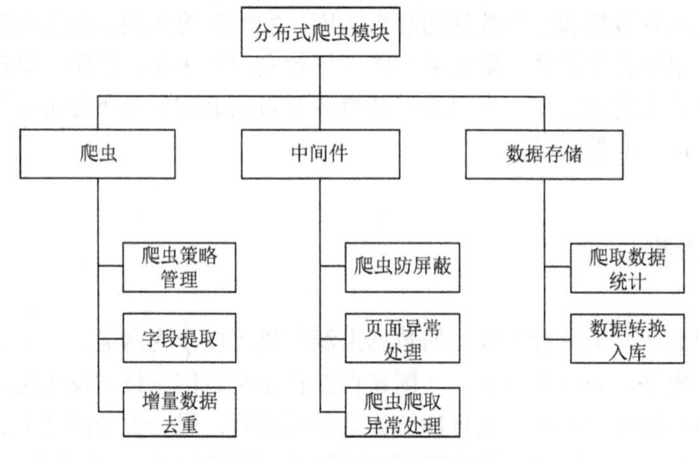

图 6.5　分布式爬虫功能设计

（一）爬虫

爬虫策略管理：根据对不同页面的更新频次的分析，系统可以对爬虫程序的爬取窗口进行修改。

字段提取：对爬取的数据，可以根据数据采集内容的不同进行数据爬取字段的修改和增加。

增量数据去重：对爬取的数据，进行验证与校对，对重复爬取的数据进行去重处理。

（二）中间件

爬虫防屏蔽：通过采取伪装措施，尽可能避免网站对爬虫行为的识别，预防被限制和屏蔽掉。

页面异常处理：对爬取过程部分页面出现异常情况、无法打开的情况进行记录，并通过程序定时重新爬取。

爬虫爬取异常处理：爬虫系统通过日志记录爬取过程中系统运行的基本状态，对异常情况进行记录，方便运维人员调整、修复系统。

（三）数据存储

爬取数据统计：爬虫系统记录爬虫爬取的数据量，方便对爬取数据的检查与管理。

数据转换入库：爬虫爬取的数据多为非结构化数据，系统将自动对其进行结构化处理，并存储在大数据平台中。

第四节　数 据 处 理

一、数据处理流程

各类研究生教育相关数据在采集后先进行数据预处理，包括字符类型转换、数据格式转换等；经过预处理后，将网页直接展示的表格数据和网页的附件数据分别存储在结构化数据库和文件数据库中；之后需要对数据进行 ETL 处理，并通过核查是否为空、取值范围、取值类型、是否重复等，对数据进行清洗转换，从而保证数据的真实准确和完整及时；对网页数据进行处理时，尤其需要对网页数据中的空格、换行、HTML 标签等进行自动化处理；数据在经过加工处理后，将进入数据管理模块，由人工校验审核；审核通过后，数据将进入数据集市层和数据汇总层。数据处理过程如图 6.6 所示。

二、数据处理组件

（1）提供数据清洗工具，包括但不限于数据缺失、数据重复、数据错误、数据不可用等的数据清洗工具。

（2）可以进行来源库设置、数据概况查看、面板操作、过滤条件设置、替换操作、规则设置。

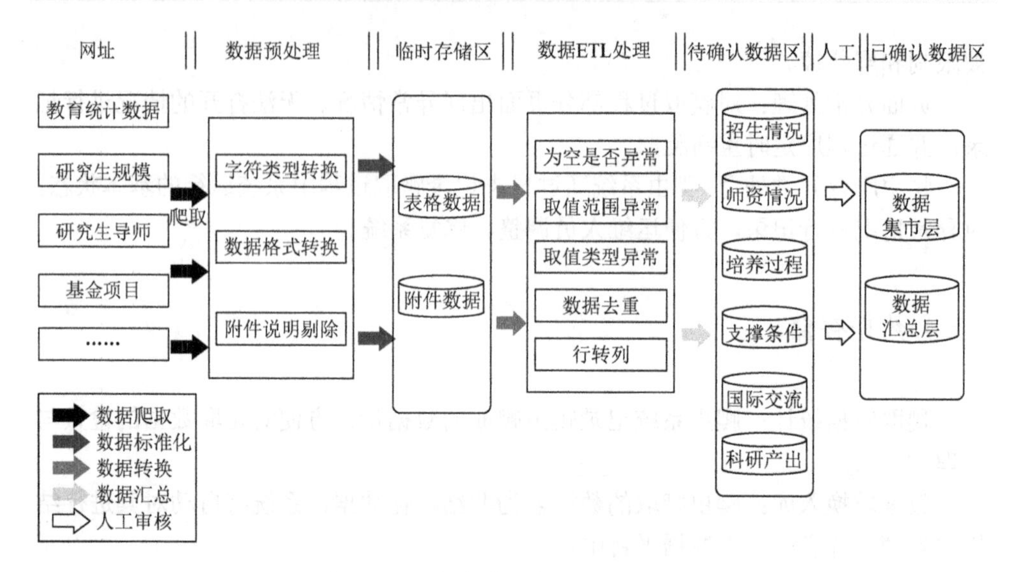

图 6.6　研究生教育大数据处理流程

（3）能够针对重复数据，提供自动去重、手动去重、根据时间和业务逻辑去重等清洗方法和工具。

（4）能够针对错误数据，提供通过限制数据区间去除、规则修复、人工干预、历史数据近值等清洗方法和工具。

（5）针对不可用数据，提供按规则适配、关键字匹配、字段转换等清洗方法和工具。

（6）提供数据的标准化策略制定、数据的标准化管理和访问管理。

（7）提供数据质量监控，对采集的数据和数据标准进行对比分析，对于不符合标准规范的数据，使用工具进行转换或清洗。

（8）提供数据预处理日志监控，对数据操作和改变以日志的方式进行记录，做到有迹可循。

（9）提供数据集成功能，可以进行数据集成设置，包括目的表、操作面板、中间表、来源表。

第五节　平 台 功 能

研究生教育大数据采集管理平台的主要功能包括：首页总览、任务管理、数据采集、数据核查、数据展示、数据监控、数据维护、系统管理。总体功能模块如图 6.7 所示，详细功能模块见表 6.1。

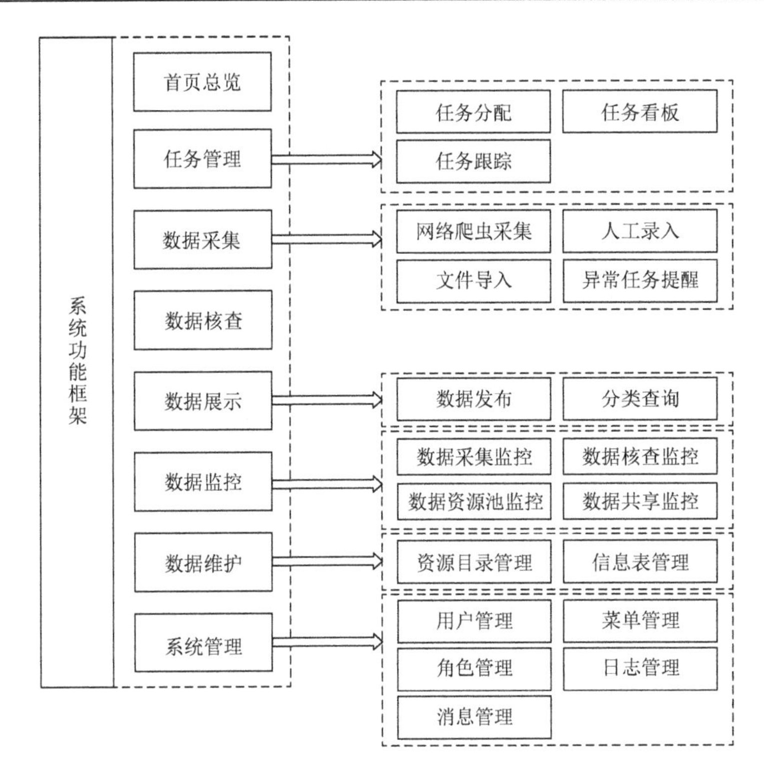

图 6.7 研究生教育大数据采集管理平台总体功能模块

表 6.1 研究生教育大数据采集管理平台详细功能模块

一级菜单	二级菜单	主要功能
首页总览		提供数据总览，包括数据资源类别及数据量统计
任务管理	任务分配	设置网络爬虫运行时间，分配人工采集任务等
	任务看板	任务总览查询，可查看任务总体情况、正在执行的任务情况、已完成的任务情况等
	任务跟踪	查看各项任务的数据采集处理进展情况
数据采集	网络爬虫采集	管理各类数据的爬虫工具，展示爬取的数据，支持对爬取数据的更新和增量入库，支持对爬取数据的增删改查
	文件导入	支持通过文件导入数据，包括 excel、csv、txt、word、压缩包等格式，展示导入的数据，支持对导入数据增删改查
	人工录入	支持对数据表的数据项进行人工录入
	异常任务提醒	对于网络爬取数据异常情况进行提醒，可通过邮件、短信方式进行信息推送
数据核查		支持定期人工核查数据，标注已核查数据，支持对数据的增删改查、批量编辑和标注，记录数据核查时间
数据展示	数据发布	支持数据发布，发布后页面上可展示数据表的详细信息
	分类查询	数据表按资源目录管理进行分类展示，可进行多条件检索，支持数据批量导出

续表

一级菜单	二级菜单	主要功能
数据监控	数据采集监控	对各类数据采集方式采集数据的情况进行监控，包括数据爬取异常情况等
	数据资源池监控	展示各类数据情况、数据状态及各维度情况统计，包括数据更新情况、数据是否展示等
	数据核查监控	对数据核查进度及修改情况进行监控
	数据共享监控	监控数据分析平台等业务系统读取数据的类型、数量与时间、数据导出情况
数据维护	资源目录管理	提供数据资源目录类别的增删改查，以及对目录中各类数据基本情况的维护和管理
	信息表管理	对各个数据表的结构和字段进行维护和管理
系统管理	用户管理	管理用户账号，为账号分配权限
	菜单管理	实现对菜单的添加、修改、删除、查看
	角色管理	创建和修改角色，配置角色权限
	日志管理	对系统所有操作日志进行记录，并按条件进行查询
	消息管理	对系统所有消息、信息进行查询（邮件、短信等）

一、首页总览

研究生教育大数据采集管理平台的首页提供数据采集情况总览，包括数据资源类别、数据总量、年度更新数据量、年度爬取数据量、年度人工采集数据量、各类数据资源占比、数据来源机构等，可实现横向各类资源情况的对比和纵向年度采集数据量的对比，并提供各类采集资源明细的展示及下钻分析。

二、任务管理

（一）任务分配

任务分配功能主要是对采集任务进行规划、管理和分配，可以根据任务的具体执行情况，按照用户进行任务分配。

1. 任务计划设置

采集任务设置首先要设置任务名称、采集方式、采集数据源等基本信息，包括支持获取数据名称、数据格式、数据类型、数据采集源信息；支持配置批量采集、增量采集、实时采集等采集策略；支持配置采集接口、存储位置、采集周期、开始时间等采集参数，实现自动采集功能；支持指定到月份、日期、小时、分钟的粒度，同时也支持按照星期的方式来进行任务计划的执行；支持设置任务计划执行方式，完成一些需要定时、定期执行的任务，如数据导出、数据抽取、ETL执行、模型自学习等；支持设置调度的时间窗口，重调时间间隔，时间间隔类型包括一次性、每分、每时、每天、每周、每月、人工输入等。

2. 任务提醒设置

为方便数据采集人员及时了解采集任务，平台提供采集任务提醒设置功能，支持设置邮件发送执行情况，包括执行失败、执行成功、执行超时等，相关人员可收到报错通知等相关信息。提醒方式不仅支持邮件通知，还支持内部消息提醒；而且标题支持动态标题，能够实现参数传递；内容可使用默认模板，同时支持用户的灵活自定义。

3. 任务状态监控

平台支持对ETL的定时任务进行运行监控，可查看初始、处理中、失败、完成等多种状态，方便技术人员或业务人员快速做出调整。

（二）任务看板

采集任务看板用于对已设置的采集任务进行展示和查询，主要展示的内容包括数据表名称、数据类型、发布时间、更新周期、已采集年份、采集方式、配置日期、采集状态等。通过采集任务看板，可以便捷直观地了解各类数据资源的基本情况和采集状况，从而对采集任务进行整体管控。

（三）任务跟踪

平台支持对各项采集任务的执行情况、所处环节、进展和执行结果等进行跟踪管理和查询。

三、数据采集

（一）网络爬虫采集

根据不同的数据来源特征，开发设计爬虫工具，通过爬虫技术，采集与研究生教育相关的网络数据，并对爬取数据进行结构化加工处理和入库。

（二）文件导入

平台支持数据导入功能，可通过数据表等文件格式，实现结构化数据的批量上传导入。

（三）人工录入

平台支持界面化配置表单，用户可通过控件拖拽自定义填报表单。可直接在报表界面进行数据填报与数据校验。一张填报表单可设置多个回写规则，并且可以指定不同的回写规则选择不同的数据库或数据表，同时多个填报表单也可回写至同一数据库或数据表，还可以支持校验公式校验。

（四）异常任务提醒

平台支持对采集任务的实时监控，发现任务出现异常情况，如数据爬取不成功等，可通过邮件、短信等方式将相关信息推送给用户。

四、数据核查

通过网络爬取或人工采集的数据均需要经过数据核查环节对数据进行核查和校验，以保证数据的规范性、准确性。平台提供人工核查的页面，可查询网络爬虫采集、文件导入、人工导入三种渠道采集的数据，可实现对每类数据的检查和更正，经数据核查后，数据将进入已确认的数据区，为数据展示提供核查无误的数据。

五、数据展示

（一）数据发布

数据发布功能是对资源类别的对外展示进行控制，发布后相关页面上可展示数据表的详细信息。数据发布时可对允许展示的字段进行选择，实现对展示信息项的灵活控制。

（二）分类查询

分类查询提供各类别数据资源的查询功能。数据表按照资源目录进行分类展示，可实现多条件检索，并支持数据的批量导出。

六、数据监控

（一）数据采集监控

研究生教育大数据采集管理平台提供了一套完整的数据监控体系，通过标准化的流程实现数据采集处理全环节的规范化管理，流程主要包括日常操作流程和特殊操作流程。通过构建数据来源与去向的关系表达，对数据从产生、处理、流转到消亡的过程进行监控。

（1）提供内置规则和自定义规则，通过数据质量全息图对数据质量健康度进行实时监控，进而实现数据质量缺陷定位，为数据质量追溯提供决策支撑。

（2）支持 SQL 分析，支持远程监控、数据集监控，提供直观式的 CPU 监控、内存监控、在线监控。

（3）平台对数据的数据项、数据结构、数据存储等进行定义和描述，其目的是对数据流程图中的各个元素做出详细的说明，使用户能够更加清晰地了解数据建模过程。

（二）数据资源池监控

数据资源池监控是对数据资源基本情况和物理存储情况的监控，展示的内容包括数据量、数据分类、数据文件类型、数据文件大小、数据占用空间等。

（三）数据核查监控

数据核查监控主要针对已采集数据提供人工核查状况监控，掌握数据核查任务开展情况及核查修正情况。其中展示的内容包括数据表名称、数据年份、采集日期、审核人、审核状态、审核原因等信息。

（四）数据共享监控

数据共享监控是对数据共享及使用情况的监控，可查看各类数据的共享申请、共享审批和数据调用情况。

七、数据维护

（一）资源目录管理

资源目录管理提供对各类数据资源的分类管理。通过数据资源的定义、编码和分级类别，实现对资源体系的构建和规范管理。资源目录的信息主要包括：数据表名称、数据表编号、数据类别、数据简介、数据项、更新周期、数据年份、数据来源、发布日期等。平台提供对数据资源目录信息的维护和查看功能。

（二）信息表管理

信息表管理提供对数据表的维护和数据连接功能，除了支持 Oracle、DB2、SQLServer、MySQL、PostgreSQL 等关系型数据库和分析型数据库，并支持读取数据库的模式，还支持其他的数据库，如 Teradata、Sybase、Informix、Greenplum、Netezza、金仓数据库、南大通用数据库、达梦数据库、神通数据库等。通过配置将数据表连接到数据库后，才能对各类资源数据表进行管理维护。

信息表管理提供对各类数据表基本情况的维护和管理功能，如设置表和视图中的基础字段别名、基础字段数据类型及数据格式等。

八、系统管理

系统管理提供对系统的功能、账号、角色、权限、日志、消息的统一设置和维护，包括用户管理、菜单管理、角色管理、日志管理、消息管理等功能。

第六节　平 台 成 果

通过研究、设计及开发研究生教育大数据采集管理平台，探索多源研究生教育数据的规范化采集管理，基本实现了研究生教育相关互联网数据的自动采集，将数据的采集、入库、核查、展示、更新等环节信息化、可视化，保证了数据的可持续采集和规范化管理。研究生教育质量数据库采集的公开数据来自教育部、科技部等相关部门的权威数据发布，内容涵盖招生情况、师资情况、支撑条件、培养过程、国际交流、科研产出等6个类别的54个细分类别，数据量达到104万余条。

与传统人工数据采集相比，研究生教育大数据采集管理平台在三方面实现了数据采集管理的突破提升。一是从零散管理到集中规范管理。大数据采集管理平台由首页总览、任务管理、数据采集、数据核查、数据展示、数据监控、数据维护、系统管理八大功能模块组成，实现研究生教育相关互联网数据从采集、清洗、处理到核查、存储、监控的全流程科学规范管理。二是从人工采集到自动采集。根据数据的不同来源和类型特征，在平台中开发并集成了54个网页爬取脚本和8个文件数据解析及入库脚本，通过定制化脚本的集成，既能自动爬取和存储网页数据，又能识别和提取word、excel、pdf等格式文件的表格数据，基本实现不同类型数据的自动采集解析入库，极大地节省了数据采集的人力成本。三是从被动维护到持续更新。研究生教育大数据采集管理平台具有采集计划管理功能，能够直观地查看每月应采集的数据以及采集情况，通过配置最新的数据公开网址和年份，即可发起采集任务，自动采集最新数据，实现有计划、可持续的采集更新。

研究生教育大数据的可持续、规范化数据采集与管理对深化研究生教育大数据分析应用具有至关重要的作用。研究生教育大数据采集管理平台的建设是突破数据报送传统模式、拓展数据采集新路径的重要探索，对减轻数据收集负担、实现客观分析与评价具有重要参考借鉴意义。

第七章　研究生教育质量大数据分析应用

研究生教育大数据是一个宝库，通过对数据进行多样化的分析和利用，可以实现更智能化的管理和精准化的服务。全面提高研究生教育质量是研究生教育改革发展的重要目标，研究生教育大数据如何助力研究生教育质量提升值得深入探讨。因此，围绕研究生教育质量的核心需求，从大数据分析和利用的角度，对研究生教育质量大数据分析平台建设的实际案例进行分析探讨，有助于为基于大数据的研究生教育管理变革提供参考借鉴。

第一节　项 目 背 景

一、现状

随着我国教育事业的不断发展，研究生数量不断攀升，规模不断扩大，全国研究生教育质量如何、全国研究生教育质量呈现什么样的发展趋势，是需要认识和探讨的现实问题。数据可以反映研究生教育规模情况，但很难找到较为全面地反映研究生教育质量状况的数据。研究生教育质量涉及研究生教育的各个方面，数据汇聚也存在一定困难。近年来大数据技术的兴起为研究生教育质量的监测和分析带来了新的思路和方法。因此，开展研究生教育质量大数据分析具有非常重大的现实意义。

二、建设目标

数据分析平台旨在利用研究生教育质量大数据对全国研究生教育质量进行动态监测和深度分析，基于研究生教育质量数据库，全景式地展示全国、各省、各高校、各学科的质量监测指标情况，直观、生动地呈现学位授予、学位论文等研究生教育质量重要方面的状况，为教育管理部门提供决策参考。

三、建设原则

数据分析平台的建设遵循以下原则。

（1）统筹规划、服务需求。结合业务应用需求，科学规划远期和近期建设目标，确定总体任务和阶段性任务，分步实施建设工作，逐步实现和深化研究生教育质量大数据分析。

（2）整合资源、深挖价值。以规范化数据建设和管理为基础，促进数据资源的融合打通，充分利用整合的数据资源和外部大数据，运用新兴信息技术，深挖数据反映的价值和规律。

（3）突出重点、注重实效。以研究生教育质量的动态监测和深度分析为核心，重点建设适用于实际业务场景的数据指标体系和分析模型，注重平台的实用性、易用性和可拓展性。

（4）创新思路、持续发展。充分应用新思想、新理念、新技术，探究研究生教育质量分析的创新方法，丰富拓展数据资源，深化分析应用，建立大数据建设与分析的持续发展机制。

第二节　研究思路

首先，利用从不同来源采集的各类研究生教育质量相关数据，建立研究生教育质量数据库，并以此为基础；其次，构建质量监测指标体系，研究大数据算法和模型，通过质量监测指标对研究生教育质量进行监测分析，运用大数据算法和模型进行深度挖掘分析；再次，搭建数据分析平台，在平台上实现研究生教育质量动态监测和大数据分析；最后，根据质量动态监测和大数据分析结果，编制研究生教育质量监测报告。研究生教育质量大数据分析的研究路径如图 7.1 所示。

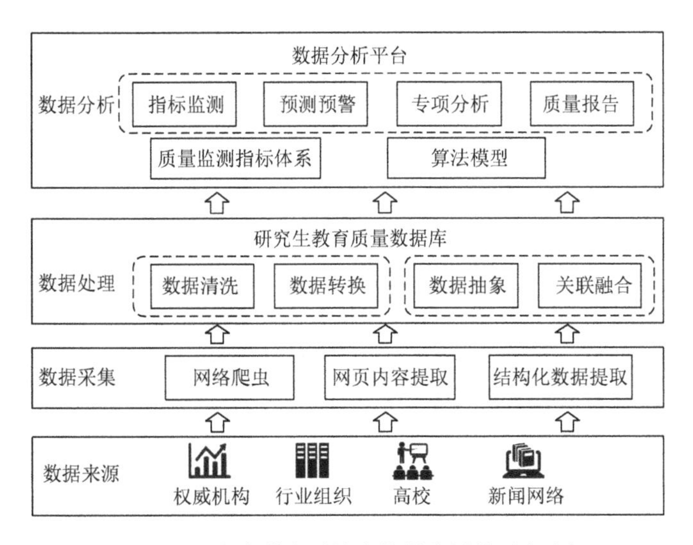

图 7.1　研究生教育质量大数据分析的研究路径

在探索试验过程中，形成了如下共识和原则。

（1）充分利用现有数据。根据数据资源情况，优先完成有数据基础的监测指标的设计和计算，不用追求大而全的指标体系。对于一些难以获取的研究生教育质量数据，如招生录取、国际交流等数据，可在后期补充和完善。在进行数据分析时，先对现有数据进行深入分析和研究，随着数据的扩展和方法的调整，不断扩展分析范围、深化分析研究。

（2）基础分析与专项分析相结合。对特定主题的数据深入分析，力求创新突破。研究生学位论文是研究生教育质量的重要体现，研究生导师是研究生教育质量的重要影响因素，围绕学位论文质量和研究生导师队伍进行重点分析，开展学位论文相关数据专项分析和研究生导师队伍专项分析。

（3）传统分析与大数据分析相结合。综合运用各类分析方法，包括预测分析、关联分析、文本分析、语义分析、画像技术等新方法以及传统统计分析方法，取得更好的分析效果。

第三节　总体架构

一、系统逻辑架构

数据分析平台的建设，以多渠道数据来源为基础，以研究生教育相关数据资源体系为依托，以研究生教育质量监测模型为核心，以数据处理、数据分析、数据监测、数据展示为重要路径和功能，运用 ETL 技术进行数据处理，运用 SOA（service-oriented architecture，面向服务架构）思想、J2EE 架构进行架构搭建，最终实现质量动态监测预警和管理决策支持。数据分析平台系统逻辑架构如图 7.2 所示。

二、系统执行架构

数据分析平台系统执行架构的主要内容是描述用于数据分析平台的数据集市执行架构的建设要求及指导原则，用于规范研究生教育大数据分析平台最终生产环境的建设。数据分析平台系统执行架构包含数据源、数据落地区、ETL、数据准备区、数据存储区、DW、业务应用、元数据管理、系统安全和基础设施。数据分析平台系统执行架构如图 7.3 所示。

三、系统功能架构

数据分析平台系统功能架构包含业务展现、系统管理、权限管理和资源管理，如图 7.4 所示。

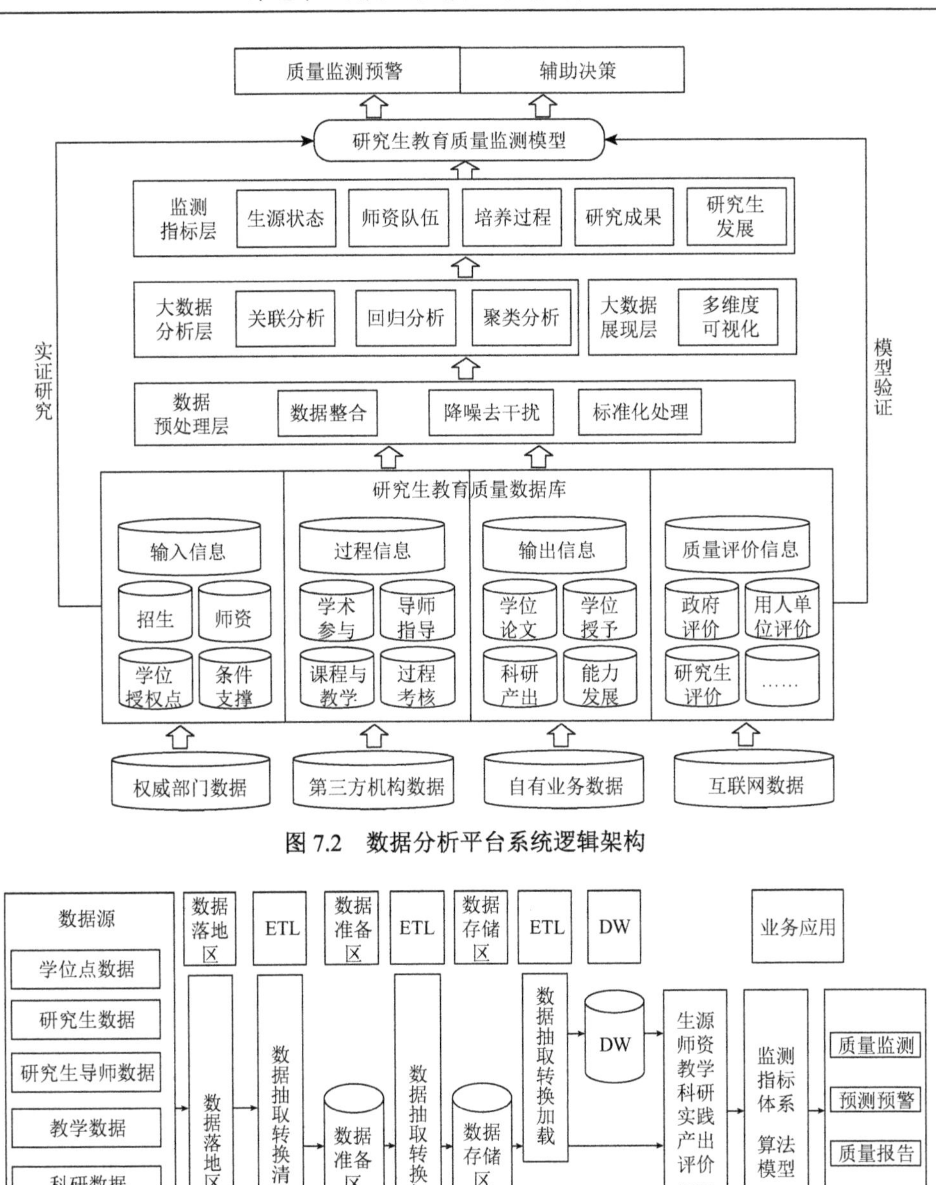

图 7.2　数据分析平台系统逻辑架构

图 7.3　数据分析平台系统执行架构

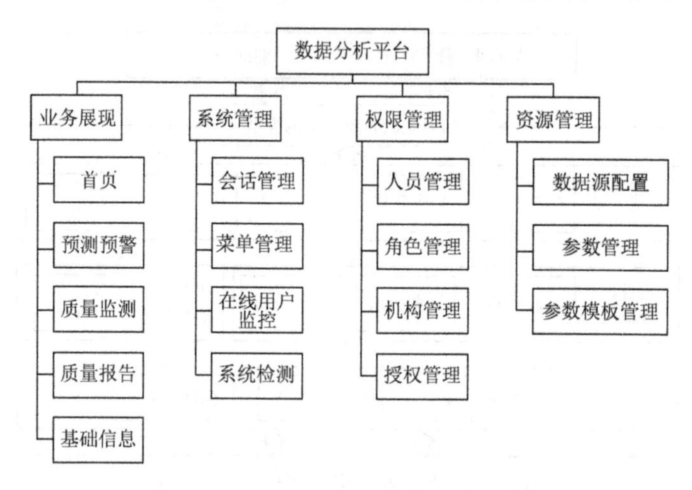

图 7.4　数据分析平台系统功能架构

第四节　数 据 来 源

研究生教育质量数据库涵盖生源状况、师资状况、办学资源与条件、经费投入、体制机制保障、培养过程、国际交流、人才培养产出、科学研究产出、质量评价等 10 个一级类别、21 个二级类别、83 个细分类别的教育质量相关数据，累计数据量达到 3000 余万条。研究生教育质量数据库中包含学位中心内部数据、权威部门公开数据、与中国知网合作获得的数据、互联网数据等不同来源的数据。学位中心内部数据主要包括学位授予数据、学位论文数据、研究生导师信息、研究生培养质量反馈调查数据等业务数据；权威部门公开数据包括教育部公开的教育统计数据和高等学校科技统计数据、科技部公开的获奖和项目评审信息、国家自然科学基金委员会公开的基金项目评审结果等公开数据；与中国知网合作获得的数据主要是关于研究生和研究生导师在国内核心期刊发表论文的统计数据以及获得专利授权的统计数据；互联网数据包括高级新闻网站、微博、微信，以及其他网络平台上的与研究生教育相关的新闻、文章、评论等数据。研究生教育质量数据库的数据既有结构化数据，又有网络数据、文本数据等非结构化数据。

研究生教育质量数据库具有数据内容覆盖面广、数据来源多、数据可靠性高等特点，但仍存在一些问题。一是缺乏某些方面的数据，如报考录取、研究生及导师的国际交流、培养过程等数据无法获取，难以进行全面的质量监测和数据分析。二是数据粒度不一，部分权威部门的公开数据只有较粗的统计数据，学科或学校的细颗粒度数据较少，难以进行关联分析和深度挖掘。三是数据类型较为单一，非结构化数据、互联网数据较少，行为数据、动态数据缺乏，研究生教育问题和规律的发现受到一定限制。

第五节 平台功能及应用成果

数据分析平台的主要功能包括基础概况、质量监测、预测预警、主题分析、基础报表、数据资源管理等。

一、基础概况

基础概况模块通过可视化方法清晰、直观地呈现全国研究生学位授予情况、学位授权点情况、“双一流”建设分布等。

（一）学位授予统计

学位授予统计页面可以分学年展示全国、各省区市、各高校、各学科门类/专业学位类别、各一级学科/专业学位领域的博士和硕士学位授予规模。

页面提供下钻分析和交互分析功能，比如，点击某个省，可以展开呈现该省所有高校的学位授予规模；点击某个学科门类，可以展开呈现该学科下所有一级学科的博士和硕士学位授予规模。

页面提供灵活的多条件查询和对比功能，可以选择多个检索条件进行组合查询，查看单个学校某个学科门类或一级学科的历年学位授予规模；可以选择需要对比的高校，对多个学校的历年学位授予规模进行对比展示。

（二）学位授权点分析

学位授权点分析页面展示全国的博士和硕士学位授予单位、博士和硕士学位授权点的分布情况。通过选择检索条件，可查询各省区市、各高校的学位授权点的情况，也可查看某个学科门类或一级学科的博士一级、博士二级、硕士一级、硕士二级授权点分布在全国哪些地区和学校。

（三）“双一流”建设分析

“双一流”建设分析页面展示“双一流”建设高校的省区市分布和区域分布，呈现“双一流”建设学科的学科分布。

二、质量监测

质量监测模块包括质量监测分析、质量关联分析、学位论文质量关联分析等子模块。对全国研究生教育质量进行全方位、多角度、多维度的监测，运用关联分析展现研究生教育质量相关因素之间的关联关系。

（一）质量监测分析

基于研究生教育质量监测指标体系，在数据分析平台上展现全国、各省区市、各高校、各学科的质量监测指标状况。研究生教育质量监测指标体系是基于研究生教育质量的“输入—过程—输出”模型，综合考虑现阶段的数据情况构建的，共有 6 个一级指标、17 个二级指标和 47 个数据监测指标，见图 7.5。

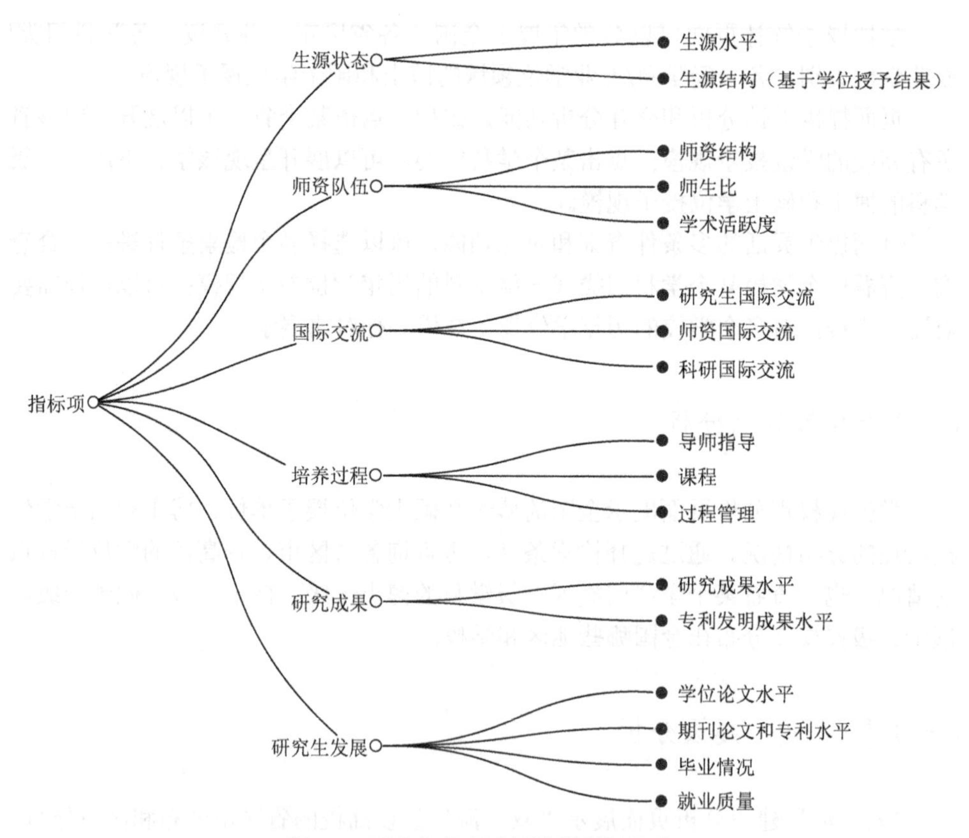

图 7.5 研究生教育质量监测指标体系

以质量监测指标体系中生源状态、师资队伍、国际交流、培养过程、研究成果、研究生发展一级指标下的若干数据监测指标为例进行简要介绍。

1. 录取研究生中“双一流”高校毕业生占比

该指标页面通过分析来源于“双一流”建设高校的学生占全部录取学生的比例来反映研究生生源质量。

用户可根据实际需求选择年度、省区市、学校、学位级别、学位类型、学科门类和一级学科等多个检索条件，查看具体高校具体学科的“双一流”建设高校生源占比年度变化趋势；也可以对比不同省区市、不同高校、不同学科之间的“双一流”建设高校生源占比。

2. 研究生导师队伍中博士学位教师占比

该指标页面展示了全国研究生导师的最高学位分布，并提供全国、各省区市、各高校、各学科的研究生导师获博士学位占比分析。

用户可以通过选择导师类型、省区市、学校、学科门类和一级学科等多个检索条件，查看某类导师群体的博士学位教师占比；也可以对各省区市、各高校、各学科进行对比分析。

3. 研究生导师的职称结构

该指标页面展示了全国、各省区市、各高校、各学科的博士生导师及硕士生导师的职称结构。

用户可以通过选择导师类型、省区市、学校、学科门类和一级学科等多个检索条件，查看某类导师群体的正高级、副高级、中级职称结构占比；也可以查看某一具体高校具体学科的职称结构分布。

4. 在华攻读学位外国研究生占比

该指标页面通过分析博士或硕士学位授予人数中来华留学生人数的占比，以及来华留学生的来源国家分布、省区市分布、高校分布、学科分布等，反映研究生培养的国际交流情况。

用户可以查看来华留学生人数占比的历年趋势、来华留学生人数排名前15的国家，可以对比不同省区市、不同学科的来华留学生人数占比差异等。

5. 研究生对导师指导的满意程度

该指标页面通过对不同省区市、高校、学科的研究生进行导师指导的满意程度的调查分析，反映研究生培养过程中的导师指导情况。

用户可以通过选择省区市、学校、一级学科、学位类别等多个检索条件，查看研究生对导师指导的满意程度，包括非常满意、比较满意、满意、不满意、非常不满意的占比。

6. 导师人均国内核心期刊论文数

该指标页面通过分析全国、各省区市、各高校、各学科的博士生导师及硕士生导师在国内核心期刊的人均发文量，反映研究生导师的研究成果情况。

用户可以查看研究生导师在国内核心期刊的人均发文量的历年趋势，可以对比不同省区市、不同学科的导师在国内核心期刊的人均发文量。

7. 研究生就读期间核心期刊论文生均篇数

该指标页面通过分析全国、各省区市、各高校、各学科门类或专业学位类别的学术博士、学术硕士、专业博士、专业硕士就读期间在国内核心期刊的人均发文量，反映研究生就读期间的研究成果情况。

用户可以查看各类研究生就读期间在国内核心期刊的人均发文量的历年趋势，可以对比不同省区市、不同学科的研究生就读期间在国内核心期刊的人均发文量。

8. 应届毕业研究生升学率、出国率、初次就业率

该指标页面展示了历年全国、各省区市、各高校、各学科研究生中毕业去向为就业、出国出境、升学等所占的比例。

用户可以查看单个学校某个学科门类或一级学科应届毕业研究生的毕业去向，可以查看各类研究生初次就业率、待业率、出国率、升学率的趋势，可以对比不同省区市、不同学校、不同学科研究生的去向情况。

9. 研究生毕业初次就业工作岗位与所学专业的相关程度

该指标页面通过分析问卷调查结果，了解研究生毕业初次就业的工作岗位与所学专业的相关程度，反映研究生的就业质量。

用户可以查看参与调查的省区市、高校、学科的研究生的初次就业工作岗位与所学专业的相关程度。

（二）质量关联分析

将生源指标和输出指标结合起来，展示不同生源研究生的学位论文抽检合格率和优秀率、就读期间生均发表论文情况、平均毕业年限、毕业去向情况等。

用户可以对比生源来自“双一流”建设高校和其他普通高校的研究生在学位论文质量、学术论文发表、平均毕业年限、毕业去向等指标的表现情况。

（三）学位论文质量关联分析

运用关联分析，呈现各类研究生教育输入因素、过程因素、输出因素之间的关联关系。输入因素分为博士生基本特征和导师特征两类，博士生基本特征包括性别、学校层次、学位类型、学科、招考方式、攻读类型等，导师特征包括性别、职称、年龄、行政兼职等；过程因素包括专业课、思政课、课程教学、导师指导、管理服务、过程管理、学生资助、学术讲座等；输出因素包括博士学位论文评审平均分、论文评审等级、学生能力发展、读博满意度等。

用户可以查看不同特征的博士生群体在博士学位论文评审平均分、论文评审等级、学生能力发展、读博满意度等方面的差异；可以查看不同特征的博士生群体对专业课、思政课、课程教学、导师指导、管理服务、过程管理、学生资助、学术讲座等过程环节的评价情况；也可以查看专业课、思政课、课程教学、导师指导、管理服务、过程管理、学生资助、学术讲座等过程因素与博士学位论文评审平均分、论文评审等级、学生能力发展、读博满意度等输出因素的相关性。

三、预测预警

对学位授权点的研究生学位攻读时间进行预警，对硕士研究生导师人均指导硕士生数、博士研究生导师人均指导博士生数、研究生学位论文抽检合格率、研究生就读期间国内核心期刊论文生均篇数等指标进行趋势分析和预测。

（一）攻读时间监测预警

采用离群监测方法对研究生学位攻读时间处于异常状态的学位授权点进行监测预警。用户可以查看重度预警、中度预警、轻度预警的学位授权点的省区市分布、学校分布、学科分布；可以查看重度预警、中度预警、轻度预警的学位授权点的详细清单；也可以查看攻读时间异常的研究生所在的学校、学科，以及他的学位类型、攻读类型、毕业年限等具体信息。

（二）硕士研究生导师人均指导硕士生数和博士研究生导师人均指导博士生数预测

用户可以查看基于局部加权线性回归算法对硕士研究生导师人均指导硕士生

数的预测结果以及对博士研究生导师人均指导博士生数的预测结果。

（三）研究生学位论文抽检合格率预测预警

页面对博士学位论文抽检中不合格论文数为一个、两个、三个及以上的学位授权点的省区市分布和学科分布进行展示，并对学位论文抽检合格率进行预测，可有效监测学位论文质量情况。

用户可以查看抽检中不合格论文数为一个、两个、三个及以上的学位授权点清单；可以通过选择年度、学位类型、学校类型、省区市、高校、学科门类和一级学科等多个检索条件，查看各类研究生群体抽检不合格的论文数量；也可以对比不同省区市、不同高校、不同学科之间的不合格论文数量差异。

（四）研究生就读期间国内核心期刊论文生均篇数预测

页面展示了基于局部加权线性回归算法对不同省区市、学位类型、学科门类的研究生在就读期间的国内核心期刊论文生均篇数的预测结果。

用户可以通过选择省区市、学校和学科门类等检索条件，查看相应的研究生在就读期间的国内核心期刊论文生均篇数趋势和预测结果。

四、主题分析

主题分析模块包括学位论文主题分析、学位授予信息分析、高校思政工作情况分析、学科评估分析等子模块。

（一）学位论文主题分析

1. 研究生学位论文关键词分析

对研究生学位论文关键词进行词频统计，分学科门类、一级学科、省区市、高校、高校类型等分别展示历年学位论文研究热点与趋势。

用户可以对比“双一流”建设高校研究生和其他普通高校研究生的学位论文研究热点，也可以查看当前年度 5 个最高词频关键字在过去 10 年的词频情况。

对于每个论文关键词提供更加深入的分析，用户可以查看近 5 年各省区市研究生学位论文中出现该关键词的次数、使用该关键词的学校分布和一级学科分布，以及相关的其他研究主题等。

2. 研究生学位论文评审意见分析

利用知识图谱、机器学习等方法，对学位论文评审意见进行分析，反映各学校层次、各学科的优秀学位论文特征和不合格学位论文特征。

用户可以对比优秀论文和不合格论文、“双一流”建设高校和其他普通高校、不同学科论文的高频关键词；对于每个评审意见提供更加深入的分析，包括历年出现频次、相关的评审意见、论文的学科分布等。

3. 指标的文本特征分析

对学位论文评审意见进行分词和聚类，构建出不同学科学位论文评审的详细维度指标。

用户可以查看学位论文评审中关于选题与综述、论文规范性、科研能力与基础、创新性及论文价值四方面的细化评价内容。

（二）学位授予信息分析

1. 学位授予规模统计

页面对全国、各省区市、各高校、各学科、各学位类别的博士硕士学位授予情况进行多维分析展示。

用户可以查看具体学校单个学科的历年学位授予规模，也可以对比不同省区市、不同高校、不同学科的学位授予规模。

2. 学位获得者基本情况

页面对全国、各省区市、各高校、各学科、各学位类型的师生比、研究生学位平均攻读时间、学位获得者距获前置学位的平均时间等指标进行分析展示。

用户可以通过选择省区市、学校类型和学科等多个检索条件，对相关指标进行详细查询。

3. 前置学位分析

页面分析展示了每年各省区市不同类型研究生的前置学位学校层次、前置学位学校所在省区市、前置学位学科分布等情况。

4. 获学位后去向分析

页面分析展示了每年不同类型研究生获学位后的去向分布、就业区域分布、就业单位性质分布等。

用户可以查看和对比每年学术博士、专业博士、学术硕士、专业硕士毕业后就业、出国出境的数量和占比，可以查看和对比到不同区域就业的学生数量等。

（三）高校思政工作情况分析

页面展示了基于 C9 高校[①]新闻数据情感语义分析得出的 C9 高校情感倾向得分及排序、关键词词云、正负向文章占比、新闻文章数量等。用户也可以查看 C9 高校各新闻文章的得分情况及详细内容等。

（四）学科评估分析

页面对第四轮学科评估结果、学科评估参评率/优秀率、A 类学科的省区市分布、“双一流”建设高校的学科评估结果等进行可视化展示。

五、基础报表

基础报表模块主要展示历年全国学位授予统计年鉴相关数据，按照年度、学位类型、学科门类、专业学位类别、学位层次等不同维度对全国学位授予情况分别进行统计，每年的年鉴由 18 张统计报表构成。

六、数据资源管理

数据资源管理模块对研究生教育质量分析使用的公开数据资源信息进行展示和查询。数据资源类别包括办学资源与条件、师资状况、培养过程、科学研究产出等，数据来源于对互联网上公开数据的采集整理。

通过数据资源管理，用户可以查看研究生教育相关的数据资源体系的总体情况，也可以查看每类数据资源的详细清单。

---

① C9 高校是指我国首批由 985 工程高校组成的高校联盟，包括清华大学、北京大学、复旦大学、上海交通大学、浙江大学、中国科学技术大学、哈尔滨工业大学、西安交通大学和南京大学九所高校。

第八章　展　　望

“十四五”时期是教育数字化引领教育高质量发展的重要机遇期，信息革命的持续深化将为研究生教育管理变革带来新的机遇和空间。当前，教育部以教育信息化为战略发展的制高点，大力推进教育信息化、教育资源数字化建设，以教育信息化推动教育高质量发展，以教育信息化引领教育现代化。研究生教育大数据采集与处理作为研究生教育大数据分析的基础性环节，是实现研究生教育大数据价值潜能的关键。展望未来，研究生教育大数据采集与处理应以教育数字化战略为指引，推动研究生教育数据动态采集、实时更新；以大数据治理体系为依托，推动研究生教育数据治理标准化、精细化；以智能化处理方法为突破，推动研究生教育治理数字化、智能化；以融通整合为途径，推动研究生教育数据应联尽联、广泛共享。

本章将从研究生教育大数据的采集、治理、分析、共享四个方面，展望未来研究生教育大数据采集与处理对动态全面的大数据采集、标准规范的数据治理、科学智能的教育治理、联通开放的数据共享的影响。

第一节　教育数字化背景下的机遇和挑战

数字化为研究生教育带来了丰富教育供给、提升管理决策水平、提高教育质量、赋能教育评价等机遇。大数据赋能的研究生教育管理呈现出教育数据要素化、管理模式动态化、教育决策精准化、教育培养个性化等趋势。这些趋势对研究生教育大数据采集与处理提出了新命题。在注重技术发展的同时，还需要注意应对数字化转型的挑战，警惕形成以技术为中心的教育数字化。

一、机遇与要求

（一）以人为本

教育数字化战略行动将以人为本作为教育理念，更加注重人的全面发展，让智能技术赋能学生个性化发展，让学生成为教育的主角。这就要求大数据采集与处理融入教学与科研、管理与服务等过程中，为教育过程透明化提供技术支撑，通过全方位数据的采集与处理，让教师更便捷地了解学生个体的差异化特征，了解学生的思想品德、学习状况、发展潜力等，促进学生的全面、自由、个性化发展。

（二）智慧治理

教育数字化治理是推进国家教育数字化战略行动的重要任务，是创新教育治理理念、变革教育治理模式、提升教育治理水平的重要举措，对支撑教育决策科学化、教育管理精准化、教育服务个性化，以及服务国家教育治理现代化具有重大意义。在研究生教育领域，数字化转型在助力治理能力提升上已初见成效。这就要求大数据采集与处理扩展数据类型和数据范围，跳出传统的数据范围，从多视角、多方位看教育发展，为教育数字化治理提供更为丰富的数据要素，多源数据的关联聚合、挖掘分析助力构建更为智慧化的教育流程，实现高校教学与科研流程的智慧化，提供更为智能化且个性化的教育治理。

（三）高质量发展

高质量发展是各级各类教育的生命线，数字技术的赋能有利于进一步分析研究生教育发展的客观规律，为教育教学理念和人才培养模式的革新提供根本遵循。大数据采集与处理通过获取和解析各类数据，形成信息和知识，为发现人才成长规律和教育教学规律提供了基础支撑。研究生教育的高质量发展需要遵循研究生教育发展的客观规律，并结合优质教育资源的智能聚合、智慧学习环境的构建、个性化学习服务的精准推送、智能教育评价体系的完善，让高等学校迸发新的生机，重塑教育生态系统。这就要求大数据采集与处理具有更加多样化的场景适应功能，以技术推动研究生教育培养模式的系统变革，全面提升研究生教育质量。

二、问题与挑战

（一）重技术轻研究

教育数字化转型的前期存在“技术至上”现象，对数字化通用技术在教育上的运用给予了过多关注，主要满足于通过自动化提高教育管理效率和服务质量，对新教育理念、方法和模式的思考和创新关注较少，对教育核心问题的研究仍有不足，缺乏教育研究与信息技术的深度融合，导致大数据采集与处理难以满足教育的实际需求。例如，教育评价数字化转型，更重要的是评价指标体系的创新，运用大数据发现隐性特征指标；教育结构布局调整，需要运用大数据深入研究教育与经济科技社会发展的关系。

（二）重表象轻内涵

目前的教育大数据采集与处理更多应用在对表面现象的分析上，关注的是研究生教育状况的基本情况分析，对于规律和趋势的发现还应用得比较少，未以大数据真正体现深层特征和规律。例如，利用学科相关大数据，深入分析高校或学科的发展潜力和发展趋势仍较少。

（三）重改造轻重塑

教育大数据采集与处理的发展相对于计算机行业的发展变化更为缓慢，可能的原因在于教育行业有较强的传统路径依赖，难以转变思维定式、打破传统模式、重塑数据的分析使用方法。目前的大数据采集与处理主要是基于现有的教育场景、教学条件、教学模式，是在传统教育背景上做加法，而不是创设新的教育形态和场景，满足教育的新需求，以技术创新促进教育变革创新，还需要重视科技赋能教育高质量发展，推动教育效率与效能的整体提升。

第二节 动态全面的大数据采集

研究生教育大数据的采集技术研究目前主要是基于通用的数据采集技术，虽然在研究生教育数据采集与应用方面积累了一定的知识与经验，但针对研究生教育大数据的独特特征研发的采集技术较为缺乏。随着研究生教育领域对大数据分析的需求愈加迫切，研究生教育大数据采集技术也将迎来重大发展。未来研究生教育大数据的采集技术将重点解决难以获得实时数据、难以采集过程数据、难以采集非结构化数据等问题，数据采集朝着动态化、过程化、价值化的方向发展，更好地满足研究生教育管理的实际数据分析需求。

一、动态采集技术和可持续采集机制

研究生教育状况的及时掌握需要依靠实时更新的研究生教育大数据，基于长期、持续的动态数据进行统计分析，才能更好地反映研究生教育动态趋势，才能具有很高的分析价值。目前，教育管理对静态数据的采集、分析和利用较多，对动态数据的持续采集和分析研究较少，亟须建立和完善研究生教育大数据的动态

采集与实时更新机制，加强对动态采集技术的研究，将实时、动态的研究生教育过程和交互状况数据化、可视化，便于教育监督、评价和改进。充分利用包括微型传感器、RFID、摄像头、GPS 等感应技术对研究生的学习、科研和实践进行全方位感知，并创新发展新型动态采集技术，从而为研究生教育大数据的实时采集、智能化采集、伴随式采集提供技术基础，为研究生教育的动态监测、常态化评价创造有利条件。

二、过程性数据采集

教育产生的过程数据对于衡量教学质量具有重要意义，可以更好地反映学生从入学到毕业的培养过程，但是受技术与教学形式的限制，目前过程数据的采集难度较大。随着教育数字化战略的推进，创新数据采集技术，实现无感式、伴随式数据采集显得愈加重要，学生的课程学习、课堂交互、科研训练、实习实践、行为轨迹、评价反馈等数据都应该及时采集和记录，这些教育过程数据可有效反映学生的实际学习活动及满意程度等，打破关注结果的现状，全方位判定学生的培养质量。目前，用于数据采集与处理的基础设施已逐步搭建，相关技术不断完善，且研究生培养单位有数据分析、辅助决策、支撑管理的客观需求，将有越来越多的研究生教育过程数据被采集、治理、分析和共享，为教育质量分析和管理奠定更坚实的数据基础。

三、非结构化数据采集

研究生教育领域拥有规模庞大的非结构化数据，除了各种文档、课程资料、多媒体教学资源、线上课程、网络日志、网络言论以外，还有各类学术发表、学术交流、科技创新、实践创新等方面的非结构化数据。这些方面的数据对于掌握和分析研究生的实际培养过程和成效更为重要，也更能体现研究生教育的意义和价值。因此，对这些非结构化、过程性的数据的采集是研究生教育大数据采集的重点。目前存在的一大难点是，难以找到直接体现研究生教育核心功能的数据。这就要求我们打破仅关注传统数据的局限思维，注重形成从海量非结构化数据中探寻数据价值的新思维。研究生在学习、科研和实践活动中产生的各类非结构化数据，可能涉及不同领域、不同平台，这些数据的类型多样、来源分散、价值密度低，但却蕴含着丰富的信息，使用传统的采集技术很难有效采集。因此，一方面，应不断研发针对研究生教育的实际的新型采集技术，以保证数据采集的可行性、可靠性和稳定性；另一方面，应考虑研究生教育场景的多样性和复杂性，从教育场景的设计方面增加有利于研究生教育大数据采集机制的方法，尽可能采集研究生教育大数据，以保证数据采集的全面性、精准性和有效性。

第三节 标准规范的数据治理

数据治理是提高数据可用率的基础性工作。在教育数字化时代，各种教育场景每时每刻都在产生海量的、多来源的、多种结构类型的数据。为了对海量多源异构数据进行有效的利用，应对数据治理进行统筹考虑。将数据的采集与数据治理结合起来，推动高效的数据治理，形成数据标准，分类分级管理数据，是研究生教育大数据治理必须考虑的核心问题。

一、数据标准规范化

数据标准是针对数据定义而进行的标准化指导，通过定义规范的要求实现数据的一致性、准确性和完整性。通过制定数据标准可以为构建有效、有价值的数据资产提供标准依据，同时，规范化的数据管理和使用有助于提升工作效率。实现精准、高效的数据治理，应完善教育机构基础数据标准、教师基础数据标准和学生基础数据标准等标准规范体系，促进数据的互操作性，实现教育数据伴随式采集，支撑管理扁平化和监测精细化。强化教育统计数据更新和治理，做好教育数据统计和应用，制定统一可循的数据采集、清洗、加工、存储标准，推动研究生教育大数据治理的规范化、制度化和常态化，提升研究生教育数据治理水平。

二、资源体系系统化

数据资源目录按照一定的分类方法，对信息资源进行排序、编码、描述，以便于检索、定位与获取信息资源。数据资源目录建设的目标是帮助数据分析人员发现和理解数据，是数据管理、数据认责和数据治理的核心，它应该是全局数据的采集和整合，旨在提升数据资源管理及共享的能力和业务服务能力。随着教育数字化战略的实施与数据收集技术的发展，教育数据逐渐成为数据量大、种类复杂的一类数据，面对海量的教育大数据，权威部门对于教育数据资源目录的梳理至关重要。通过梳理资源目录，一是可以汇聚多方现有数据资源，反映教育现状；二是能够查漏补缺，对于缺少的数据作进一步的采集；三是可以加强各单位、各高校的数据融通，有利于挖掘数据的潜在价值。

三、资源管理精细化

数据资产已成为各行各业的核心资产。在数字化时代，资源管理精细化成为数据资产质量保障的重要部分。数据分类分级是实现精细化管理的必要前提。通过数据分类分级管理，可有效管理、保护和使用数据，使数据更易于定位和检索，便于针对性地管理和维护，满足数据风险管理、合规性和安全性等要求，实现对教育数据的差异化管理和安全保护。一方面，数据分类分级可以为数据的维护和深度分析提供便利条件，例如，对研究生导师信息的管理，可以根据导师的各维度特征将导师分为多种类型，并针对性地为不同导师提供个性化的服务。同时，在进行导师信息采集和维护时，也可针对性地对需要重点关注、持续采集的数据进行精细化管理和维护。另一方面，数据分类分级可以为数据提供更科学、规范、安全的管理。教育数据类型从采集到使用都是多样的，面对复杂的数据，需要严密的分类来确保数据的高效查询、使用，需要精准的分级来确定不同的保护措施，确保数据，特别是个人数据的安全。由于工业数据、金融数据的开发与使用较早，因此它们已经具备较成熟的分类分级策略，教育数据在进行分类分级时可参照已有方法，并结合自身特点，制订方案、指南，进行自上而下的数据分类分级，即从教育部、省学位办、高校层层推进，按照统一规则，最终形成分类合理、分级严密的教育数据。

第四节　科学智能的教育治理

我国经历了从“教育管理”拓展为“教育治理”、从“信息化”转型为“数字化”的不断发展和深化的过程。从“管理”走向“治理”意味着教育由封闭管理向开放治理转变、由单向管理向协同治理转变、由被动响应向主动服务转变[①]。教育从“信息化”走向“数字化”意味着更加重视数据思维、数据融合和数字技术，将对教育管理、教育决策和教育服务的方式、流程、手段、工具等进行全方位、智能化、系统性的功能重塑和流程再造。

一、治理模式转变

传统的教育管理与决策往往依赖于管理者的直觉和经验，辅以各种填报的统计数据，对事物的理解与认识的准确性和客观性不高，容易造成管理决策的

① 张治，李永智，游明．“互联网 +”时代的教育治理[M]．上海：华东师范大学出版社，2018.

科学性、系统性、针对性不足。基于大数据技术的教育治理将转变以往“经验驱动”的管理模式，充分发挥“数据”的价值和作用，通过一定时间段内教育数据的发展演变，探究教育系统各要素的演化及交互过程和机制，预测未来趋势，预判潜在的风险，形成智能教育治理新模式，提高教育管理决策的科学性。

运用大数据采集与处理技术，聚焦教育、教学、科研、管理、评价等核心业务，采集汇聚各环节数据，以数据要素为核心，建立系统、科学、智能的数据分析、挖掘与评价模型，变革管理模式，可有效促进教育资源均衡、提高教育管理精准性、提升教育评价科学性，实现服务便捷化、管理精准化、决策科学化。

二、教育规律发现

研究生教育领域虽然积累了大量宝贵的数据资源，但数据资源未得到充分利用，对数据的分析多数还停留在简单的统计分析和因果关系分析等，满足于对教育管理的基本需求，较少开展更深层次的数据挖掘。数据分析难以深化的原因之一在于，相匹配的大数据分析技术有待提升。为最大化实现数据的应用价值，应加强研究生教育大数据处理技术与思路的创新，聚焦于从海量数据中洞悉难以发现的潜藏规律，进一步提升研究生教育大数据处理的有效性和高效性，建立更加通畅的数据处理和分析的路径。

三、跨领域关联分析

研究生教育是培养人才、发展科技的重要途径，对于服务世界重要人才中心和创新高地建设、服务经济社会发展、服务国家治理体系和治理能力现代化、服务人民群众多样化教育需求具有重要意义。目前很多研究都是从教育数据出发，探索教育本身的问题，但是评判研究生教育是否满足当前的社会发展需求，以及研究生教育需要从哪些方面进一步调整，就需要跳出教育看教育、立足全局看教育，结合教育与其他领域的数据，如经济发展、产业结构等，联合分析，使教育具有务实性。当前的教育还具有一定的滞后性，这主要是由于学科目录的调整是根据教育结果来反哺的，而研究生教育本身需要较长时间的学习与研究，因此需要着眼长远看教育，结合多领域、多产业、国际化数据，通过预测等算法，提早调整学科目录以及管理方式，使教育具有前瞻性。

第五节　联通开放的数据共享

通过联结、贯通、整合各类教育数据，形成丰富、准确、可靠的数据基础，支撑教育的精准管理和科学决策，是大数据助力研究生教育管理变革的重要保障。当前研究生教育数据的采集、汇聚、应用，仍然存在跨部门汇聚困难、跨平台流动不畅通、核心价值挖掘不足、数据实践效用低下等问题，亟须打破数据壁垒，加快形成数据共享联通的新局面。

一、建立健全数据共享机制

目前研究生教育大数据处理和分析的一个关键难点是大部分研究生教育相关数据相互独立，信息孤岛现象严重。这种信息孤岛破坏了其内在丰富的价值，也不利于挖掘其价值。只有打破不同业务系统数据库之间的壁垒，实现跨系统的数据关联，推动海量数据的融通整合，才能有效促进研究生教育大数据处理技术的快速发展，推进研究生教育大数据的深化研究。

教育部于 2018 年印发《教育信息化 2.0 行动计划》，将教育信息化作为教育系统性变革的内生变量，推动教育理念更新、模式变革和体系重构。此项计划的重点任务之一就是“教育治理能力优化行动”，要求打破数据壁垒，实现一数一源和伴随式数据采集，完善数据采集标准规范，推进教育政务信息系统整合共享，实现“互联互通、信息共享、业务协同”的目标。该计划为教育大数据信息资源的采集、处理和利用提供了政策指南。

数据共享的程度反映了一个地区、一个国家的信息发展水平，数据共享程度越高，信息发展水平越高，数据共享机制是保证数据实现共享的基本准则。因此，应加快形成数据共享协调机制，加快推进数据有序共享，加强技术创新、应用创新、模式创新能力。全面构建教育数据共享安全制度体系、管理体系、技术防护体系，有利于打破部门信息壁垒，推动数据共享对接更加精准顺畅，提升法治化、制度化、标准化水平。建立健全教育数据共享协调机制，可加快提升数据质量、明确数据资源底数、理顺供需对接关系、完备技术支撑体系、防范数据安全风险隐患、加强健全法规标准。建立健全政务数据共享协调机制，可以加快完善数字基础设施，推进数据资源整合和开放共享，保障数据安全。

研究生教育数据共享机制的建设需要自上而下地施行，目前教育主管部门正在大力推动数据协调共享，统筹协调部内各司局数据资源，与相关部委开展数据共享合作，打破教育信息孤岛，推动教育相关数据资源跨业务、跨层级、跨部门共享流动。数据的共建共享是一项基础性、长期性任务，需要健全相关机制和制度，明确数据管理使用权责，充分了解业务诉求与困难，联合各相关部门统一思想和认识，才能真正推动实现可持续的数据开放共享。

二、加强跨领域的沟通与共享

数据只有在流转中才能体现其价值，有价值的数据才能提供有价值的知识和服务。随着大数据时代的到来，数据共享程度逐渐提高，跨领域的数据共享与合作也将成为可能。随着各领域对数据的需求和重视，越来越需要实现数据的跨领域共享和交流，通过采集、汇聚、融合不同领域、不同视角的数据，以多主体、多时空、多层次、多模态的数据进行分析和建模，有效连通教育、科技、人才及经济社会发展数据。通过教育数据的跨领域交融，深挖数据要素价值，丰富数据应用场景，为教育的高质量创新发展提供新动力。

一方面，要推动教育、科技、人才等多领域数据的融合汇聚，畅通数据流转和多场景应用路径，通过数据的相互补充、支撑和验证，建立数据关联网络，为教育、科技、人才一体推进提供数据基础。另一方面，要推动教育、经济、社会等多领域数据的共享联通，加强产学研数据的关联，探索建立教育数据与国家战略需求、地方发展规划、经济社会发展等相关数据的联系，挖掘数据中隐藏的关联信息，以数据证据反映教育服务经济的社会发展能力，促进教育服务国家整体的高质量发展，让数据发挥更大的作用。

后　记

研究生教育管理变革不仅要充分认识研究生教育大数据的重要价值，更要充分利用海量数据优势，以数字技术撬动教育治理深刻变革。开展研究生教育大数据采集与处理工作对发挥大数据的价值和潜能至关重要。本书是国家自然科学基金重点项目"'互联网+'时代研究生教育管理变革与创新研究"（项目编号：71834001）的研究成果。本书凝聚了教育部学位与研究生教育发展中心、西安交通大学、华东师范大学等单位对于研究生教育大数据的研究探索与实践成果。

教育部学位与研究生教育发展中心早在 2017 年就启动了对研究生教育质量大数据的专项研究，经过多年的研究开发，取得了一系列具有一定创新性和较高应用价值的研究成果。在国家自然科学基金重点项目的研究过程中，我们基于已有研究，继续深化对于研究生教育大数据的理解和认识，并不断优化采集与处理的方法技术和应用实例，最终形成关于研究生教育大数据采集与处理的体系化研究成果。

本书在撰写过程中，以教育管理新理论、新思想为指引，融合教育数字化新趋势、教育治理新思路、教育评价改革新要求，着力体现学术性、实用性和价值性，系统梳理研究生教育大数据，紧密结合实际需求，充分展现研究生教育大数据价值，提供大量应用参考案例。各章的主要分工如下：周学军负责全书整体的修改和定稿；第一章、第二章，向体燕；第三章，高玉建；第四章，张琳；第五章，陆根书、高明、李珍艳、王玺、梁瑞、向体燕；第六章，徐菲、张展雷；第七章，周学军、向体燕、徐菲；第八章，向体燕、张琳。

随着教育数字化的快速推进，研究生教育大数据的采集与处理也在持续发展。由于编写组成员的视野、水平以及技术的限制，本书还存在一定局限性，部分研究成果有待进一步优化。谨以此书作为探索研究实践的总结，为共同研究、共同探讨提供参考，不足之处恳请各位专家、学者、读者给予批评指正，我们将在今后的研究工作中完善提升。